Management – Bildung – Ethik

Herausgegeben von
H. Hoch, Konstanz, Deutschland
B. Kraus, Freiburg, Deutschland
G. Rausch, Freiburg, Deutschland
J. Rausch, Freiburg, Deutschland
W. Schwendemann, Freiburg, Deutschland
B. Seibel, Freiburg, Deutschland

D1641037

Die Schriftenreihe widmet sich forschungsorientierten Fragestellungen zur Organisation von Bildungseinrichtungen, zur Professionalisierung von Leitungspersonen und der kritischen Reflexion von Führungshandeln. Im Kontext marktwirtschaftlicher Orientierung und ökonomisch begründeter Outputorientierung von Bildungsprozessen werden aktuelle Diskussionen zur Professionalisierung des bundesdeutschen Bildungssystems aufgegriffen. Die Reihe bietet ein Publikationsforum für NachwuchswissenschaftlerInnen sowie für Monografien, Sammel- und Tagungsbände von WissenschaftlerInnen aus den Bereichen Ökonomie, Bildungswissenschaften (inkl. Bildungs- und Schulmanagement), Soziale Arbeit und Sozialmanagement. Zielgruppe der Reihe sind KollegInnen aus Forschung und Lehre, ebenso Führungskräfte und Leitungsverantwortliche aus den Bereichen der Wirtschaft, des Bildungs- und Schulwesens und des Dienstleistungssektors.

Herausgegeben von

Prof. Dr. Hans Hoch
Universität Konstanz

Dr. Jürgen Rausch
Evangelische Hochschule Freiburg

Prof. Dr. Björn Kraus
Evangelische Hochschule Freiburg

Prof. Dr. Wilhelm Schwendemann
Evangelische Hochschule Freiburg

Prof. Dr. Günter Rausch
Evangelische Hochschule Freiburg

Prof. Dr. Bernd Seibel
Evangelische Hochschule Freiburg

Jürgen Rausch • Stefan Berndt

Jugendhilfe in Kooperation mit der Ganztagsschule

Zum Strategieverständnis von Jugendhilfe im Wandel von Schule

 Springer VS

RESEARCH

Jürgen Rausch,
Stefan Berndt,
Freiburg i. Br., Deutschland

ISBN 978-3-531-19223-9   ISBN 978-3-531-19224-6 (eBook)
DOI 10.1007/978-3-531-19224-6

Die Deutsche Nationalbibliothek verzeichnet diese Publikation in der Deutschen National-
bibliografie; detaillierte bibliografische Daten sind im Internet über http://dnb.d-nb.de
abrufbar.

Springer VS
© VS Verlag für Sozialwissenschaften | Springer Fachmedien Wiesbaden 2012

Einbandentwurf: KünkelLopka GmbH, Heidelberg

Gedruckt auf säurefreiem und chlorfrei gebleichtem Papier

Springer VS ist eine Marke von Springer DE. Springer DE ist Teil der Fachverlagsgruppe
Springer Science+Business Media.
www.springer-vs.de

Geleitwort

Heute ist unverkennbar eine wahrnehmbare bundesweite Aufbruchstimmung hin zur Ganztagsschule auszumachen. Holtappels mahnt in
diesem Zusammenhang an, dass der Aufbau des Ganztagsschulsystems
nicht allein zugunsten quantitativer Vorgaben erfolgen solle (vgl. Holtappels et al. 2007, S. 71-74). Vielmehr müsse auf die sich abzeichnenden
konzeptionellen Schwächen mit einer systematischen Ganztagsschulentwicklung und der pädagogischen Fundierung der Bildungskonzepti-
on geantwortet werden. Bislang fehlen Lösungen zu einer bedarfsorientierten und individualisierten Bildungsplanung über den ganzen Tag.
Zu stark werden der Vormittag als „schulische Einheit" und der Nachmittag als „Betreuung mit Bildungsangeboten" voneinander getrennt. Es
sind Schulprogramme zu erstellen, die den Anspruch ganztägiger Bildung in der Schule umsetzen. Das heißt u. a., die Öffnung der Schule in
Richtung Gemeinwesen, die Einbindung der Familie als außerschulischem Bildungsraum oder Formen der Kooperation zwischen schulischen und außerschulischen pädagogischen Fachkräften müssen Niederschlag finden in den Entwicklungsfeldern einer Ganztagsschule. Die
vorhandenen räumlichen Rahmenbedingungen wirken stark beschränkend auf die Entwicklungsmöglichkeiten einer Ganztagsschule.

Der Wandel in den Lebenslagen von Kindern und Jugendlichen und
die sich wandelnde Rolle der Familie, des sozialen Miteinanders, des
Werte- und Normensystems und der kulturellen Identität verlangen
nach anderen Formen des Lernens, anderen Zielsetzungen schulischer
Erziehungsarbeit und nach einem erweiterten Bildungsverständnis. Im
Zusammenhang mit diesem steht auch die Frage nach geeigneten Formen der Kooperation zwischen der Schule und anderen außerschulischen Bildungsorten, die sich zu einer Schlüsselfrage unserer Gesell-

schaft verändert (vgl. Schwendemann; Krauseneck 2001; Schwendemann; Müllensiefen 2001), die in dem vorliegenden Band andiskutiert
wird. In diesem Zusammenhang ist der Bildungsbegriff in einem erweiterten Verständnis zu diskutieren. Das haben die Autoren erkannt und
weisen auf eine Verbindung im Sinne einer gleichwertigen Betrachtung
formaler und non-formaler Bildung sowie einer Einbindung informeller
Bildungsprozesse hin. Ein solches Verständnis stellt die unmittelbaren
Adressaten von Bildungsangeboten in den Mittelpunkt – die Kinder und
Jugendlichen – und fordert zu einer Diskussion darüber auf, in welchen
Bezügen Kinder- und Jugendliche sich als Akteure ihrer eigenen Bildung
bilden und wie die bildungsverantwortlichen Institutionen und Systeme
diese Bildungsprozesse initiieren und begleiten. Schnell wird deutlich,
dass nicht nur die Schule als Bildungsort zu bestimmen ist, sondern neben der Familie, die als erste und wesentliche Instanz von Erziehungs-,
Sozialisations- und Bildungsprozessen gesehen werden muss, auch vorschulische Einrichtungen, Kindergarten und Kindertagesstätten, Einrichtungen der Jugendhilfe, soziale Dienste, Kirche und Gemeinde, Sportvereine, Betriebe, oder auch ehrenamtliche Träger und Wohlfahrtsverbände als außerschulische Bildungspartner benannt werden müssen. Sie
alle stehen einem durch seinen institutionellen und rechtlichen Charakter dominanten Kooperationspartner Schule zur Seite – mit oder ohne
konzeptionelle Grundlegungen, mit oder ohne Mandat. Und alle sind
unmittelbar von einem zeitlich erweiterten Bildungs- und Betreuungsangebot durch eine Ganztagsschule betroffen. Zukünftig würde die
Ganztagsschule bislang traditionell in der Familie und bei außerschulischen Einrichtungen verortete Angebote stärker in die staatliche Verantwortung bzw. in die Verantwortung der Regelschule überführen.
Diese Verschiebung stellt eine Entgrenzung des Schulischen dar und
fordert eine Neuregelung von Zuständigkeiten und Verantwortlichkei-
ten zwischen der Ganztagsschule, den Familien und den außerschulischen Kooperationspartnern. Das gelingt am Beispiel der Zusammenarbeit mit der Kinder- und Jugendhilfe auf der Basis eines umfassenden
Bildungsauftrags, der nicht nur die Förderung der kognitiven Entwicklung präferiert, sondern unter dem Einfluss epochaler Schlüsselproble-

me auch über die Wissensvermittlung hinaus als Garant dafür steht, den einzelnen Schüler/die einzelne Schülerin zur Bewältigung alltäglicher Schlüsselprobleme zu befähigen (vgl. Klafki 1994, S. 56). Das gelingt in einer Partnerschaft von schulischen und außerschulischen Bildungsträgern, die im Sinne von Netzwerkpartnerschaften Bildungslandschaften gestalten, in denen sich die Lebenswelt von Kindern und Jugendlichen abbildet und in denen sich Zukunftsperspektiven skizzieren lassen. Insbesondere die Kinder- und Jugendhilfe, die sich an der Schnittstelle formaler und non-formaler wie auch informeller Bildungsprozesse und Lernfelder versteht, ist gefordert, sich gegenüber der Dominanz des Systems Schule über konzeptionelle Klarheit zu behaupten. Ein leitender Gedanke dabei muss sein, Leben und Lernen als eine Einheit anzusehen. Darin ist eine große Chance gelingender Zusammenarbeit zu sehen, da Bildung und Erziehung im Kontext und unter Berücksichtigung individueller Lebenslagen von Kindern und Jugendlichen definiert werden. Einem solchen Ansatz folgt der Anspruch, Verfahren und Organisationsabläufe in den Partnerinstitutionen soweit zu optimieren, dass sich tragende und alle Bildungsorte erfassende Strukturen herausbilden, die letztlich zu einer Optimierung von additiven Angebotsstrukturen und Inhalten zugunsten der Zielgruppen und Anspruchsgruppen einer gemeinwesenorientierten ganztägigen Bildung führen. Grundlage dafür ist ein partizipativer Aushandlungsprozess der Kooperationspartner. Wesentlich dabei ist aus Sicht der Schule, dass sie sich ihren möglichen Kooperationspartnern öffnet und einer Überhöhung der Schule als „Bildungsort ersten Ranges" durch Partizipation außerschulischer Bildungsträger vorbeugt. Eine Ganztagsschule dieser Art ist eine zeitgemäße und zukunftsfähige Antwort darauf, wie Bildung umfassend und adressatenbezogen gestaltet werden und wie über die Ganztagsschule ein Beitrag zu mehr Bildungsgerechtigkeit gewährleistet werden kann. Notwendig dafür ist, dass die Schule auf dem Weg zur Ganztagsschule ihre Organisationsform und ihre Strukturen in diesem Sinne zeitgemäß und zukunftsfähig gestaltet, und wie mit der vorliegenden Arbeit aufgezeigt wird, die Kinder- und Jugendhilfe mit einem eigenen konzeptionellen Ansatz in eine partizipative Partnerschaft eintritt. Insofern gibt der vorliegende Band einen Anstoß, der auf die Kinder- und Jugendhilfe abzielt und sie auffordert, nicht nur auf die Veränderungsprozesse zu reagieren, sondern sich mit einer eigenen strategischen Intention und entsprechenden Steuerungsinstrumenten in diesen Gestaltungsprozess einbringt. Wie weit dieses Verständnis bereits angelegt ist, Einrichtungen sich auf dem Weg zu einem gleichrangigen Kooperationspartner befinden, zeigt dieser Band der beiden Autoren Jürgen Rausch und Stefan Berndt auf.

Wilhelm Schwendemann, Jürgen Rausch

Vorwort

Die Autoren möchten mit der vorliegenden Arbeit das Spannungsfeld zwischen Ganztagsschule und Jugendhilfe beleuchten. Dabei wenden sie sich primär der Jugendhilfe zu und diskutieren entlang einer explorativen Studie das Verhältnis von Jugendhilfe zu einem Strategie-Verständnis in Bezug auf die Zusammenarbeit mit der Schule. Begründet ist das Spannungsverhältnis durch die Entgrenzungstendenzen der Ganztagsschule gegenüber der offenen Kinder- und Jugendarbeit und der Korrelation des Bildungsauftrages und des Bildungsverständnisses beider Systeme.

Dabei nähern sich die Verfasser dem Thema aus zwei Perspektiven: der bildungswissenschaftlichen mit einer wissenschaftstheoretischen Reflexion der Rahmenbedingungen unter denen Kooperationen zwischen Jugendhilfe und Schule zu diskutieren sind und der Sichtweise der Praxis, die an einem konkreten Beispiel, der Zusammenarbeit von Ganztagsschule und Jugendhilfe-Einrichtung, und einer empirischen Untersuchung in diesem Handlungsfeld Daten zum Strategieverständnis und dem Grad der Umsetzung zu generieren sucht.

Der empirische Teil des vorliegenden Bandes ist Teil einer Qualifizierungsarbeit im Rahmen eines Masterstudiums. Es zeigte sich, dass die Schule zwar auf die Zusammenarbeit mit ihrem Jugendhilfe-Partner angewiesen ist, jedoch die Bedingungen der Kooperation mehrheitlich von der Perspektive und der Bedarfslage der Schule her formuliert werden. Eine gleichberechtigte Partnerschaft hat sich am konkreten Beispiel nicht abgezeichnet. Die betroffene Jugendhilfe-Einrichtung wurde eher zum Juniorpartner, der im Auftrag der Schule agierte. Tatsächlich ist der vorliegende Band nicht als generalistisch formulierte Kritik an der Ganztagsschule zu verstehen. Implizit folgen die Ausführungen entlang einer

Schulwirklichkeit, die u.a. dadurch gekennzeichnet ist, dass etwa die Raumbedarfe einer Ganztagsschule auf der Grundlage bisheriger Halbtagsschule bemessen sind und die Schule dadurch bereits Beschränkungen in eine Kooperation einbringt, die in einer ersten Phase der Kooperation zunächst nicht überwindbar scheinen. Es fehlt an Freizeitflächen, Arbeitsräumen und Aufenthaltsräumen für die Kooperationspartner und es fehlt häufig noch an Spiel- und Erholungsbereichen sowie Begegnungs- und Rückzugszonen für Schülerinnen und Schüler außerhalb des Klassenzimmers.

Wenngleich zunächst ökonomische Gründe für den Ausbau von Ganztagsschulen anzuführen sind, Mütter und Väter sollen als Erwerbskräfte ganztägig zur Verfügung stehen, lassen sich auch pädagogische Gründe für eine flächendeckende Einführung von Ganztagsschulen anführen. Nicht zuletzt die PISA-Ergebnisse insbesondere im Bezug auf die hohe Selektionsfunktion und die mangelnde Chancengleichheit in bundesdeutschen Schulen durch die starre Dreigliedrigkeit und ein mangelndes Verständnis darüber, was als Bildung verstanden werden soll und welche Formen der Vermittlung von Bildungsinhalten notwendig und gleichwertig sind, zwingt die bundesdeutsche Bildungslandschaft zu einem sich fortsetzenden Wandlungsprozess.

Auch setzen die Autoren einen Mehrwert für die Kooperationspartner voraus, der an dieser Stelle nicht diskutiert wird. Kooperationen im Rahmen der Ganztagsschule können nach Auffassung der Autoren u.a. dadurch motiviert sein: 1) eine Steigerung der Lernbereitschaft bei den Schülerinnen und Schülern zu erreichen, 2) eine gelingende Differenzierung und Passung von Lerninhalten anbieten zu können, 3) Ressourcenoptimierung bei der Begleitung und Initiierung von Lernprozessen zu erreichen, 4) eine Verbesserung der Leistungs- und Lebensqualität von Schule zu bewirken. In der Folge wäre die (Ganztags-) Schule als Verantwortungs- und Erfahrungsraum in neuen Bezügen zum Gemeinwesen definiert. Für die Jugendhilfe bringt eine gelingende Kooperation neue Chancen der Begleitung von Kindern und Jugendlichen. Eine kontinuierlichere Arbeit über den ganzen Tag und eine an den Lebenslagen und dem sozialräumlichen Umfeld der Schülerinnen und Schüler und der Schule orientierte Begleitung der Lern-, Lebens- und Bildungsprozesse fände in einer gelingenden Kooperation mit der Schule neue Räume. Warum das noch nicht selbstverständlich ist, weshalb sich die Jugendhilfe im Moment noch schwer tut, konzeptionell agierend eine solche Partnerschaft anzugehen, soll im Folgenden diskutiert werden.

Der vorliegende Band ist durch 7 Kapitel gegliedert. Den einleitenden Überlegungen folgt ein Diskurs zu Bildungsgerechtigkeit und Chancengleichheit unter besonderer Berücksichtigung comenianischer Denkansätze und ihrer Bedeutung für die aktuelle Diskussion zu einem zeitgemäßen Bildungsverständnis und Bildungshandeln. Bezugslinien, die die Autoren zu Ganztagsschule und Jugendhilfe skizzieren, weisen einen ersten Bezugspunkt – den Handlungsrahmen beider Systeme – aus. Zentral sind Kapitel 4 und 5. Werden in Kapitel 4 grundlegende Positionen der Jugendhilfe im Bezug auf Schule vorgestellt, folgt in Kapitel 5 die explorative Studie zum Strategieverständnis von Jugendhilfe mit Blick auf eine gelingende Kooperation mit Schule. Eine sich anschließende Würdigung der Erkenntnisse in Kapitel 6 und Kapitel 7 mit Schlussgedanken zu Ganztagsschule und Kooperationen mit außerschulischen Partnern schließen diesen Band.

Die Autoren danken den Interviewpartnern für deren Bereitschaft, sich den Fragen zu stellen, der Stadt Offenburg als Träger der Jugendhilfe-Einrichtung und der Stadtteil-Werkrealschule, deren Kooperation ein breites Erfahrungsfeld eröffnete, und natürlich den Familien der Autoren, die in geduldiger und unterstützender Weise die Entstehung dieses Bandes begleitet haben.

Jürgen Rausch, Stefan Berndt

Inhalt

Abbildungsverzeichnis

1   Einleitung

Mit dem Anspruch nach flächendeckender Einführung der Ganztagsschule ist zu erwarten, dass Schülerinnen und Schüler noch mehr Zeit in
der Schule verbringen, als sie das ohnehin schon tun. Schule wird
dadurch mehr und mehr zur wichtigsten Sozialisationsinstanz im Leben
der jungen Menschen. Jedoch sind die Schulen auf die Probleme, die das
soziale Miteinander von unterschiedlicher Herkunft, verschiedener Interessen und Lebensthemen, Milieubezug, Kultur und Religiosität ge-
zeichneten Schülerinnen und Schülern mit sich bringt, nicht eingestellt.
Mitunter vermitteln die klassischen Schulbauten der 1970er Jahre gera-
dezu einen lebensfeindlichen Eindruck und bieten wenig geschützte
Begegnungs- und Interaktionsräume. Schule als geschützter Raum, wie
es die Schulpädagogik noch in den 1990er Jahre propagierte, ist vor dem
Hintergrund einer pluralen und zunehmend säkularen Gesellschaft in
Frage zu stellen und die Rolle der Schule demzufolge neu zu bestimmen.
Das gilt in besonderer Weise auch für die religiöse Bildung, denn nach
wie vor definiert sich schulische Bildung in der Tradition des Christen-
tums. Bildung im umfassenden Sinn gehört zu den gesellschaftsdiakoni-
schen Aufgaben von Kirche. Kirche kann in ihrer diakonischen-sozial-
pädagogischen Praxis in der Schule mithelfen, face to face Beziehungen
zu kultivieren und präventiv auf Gewaltpotenziale zu wirken, sie über-
winden, mindern oder abbauen zu helfen. Diakonisch verstandene Bildung ist immer selbstreflexiv und kritisch und umfasst insbesondere die
Aspekte ethischer Erziehung, Erziehung zur Friedensfähigkeit, zur demokratischen und zivilgesellschaftlichen Partizipation und sozialer Mitverantwortung. Zur ganzheitlichen pädagogischen Anthropologie gehört neben der kognitiven, affektiven, sozialen, kommunikativ-
personalen Bildung die religiöse Bildung. Der Schwerpunkt liegt dabei

auf multireligiösen Gestaltungs- und Betrachtungsmomenten, weil die Situation an den meisten Schulen unserer Gesellschaft längst multireligiös und multikulturell geworden ist. Die Kirche nimmt hier eine gesellschaftsdiakonische Aufgabe an den öffentlichen Schulen wahr, denn sie entfaltet im Konzert pluraler Freiheit und Verantwortung Überzeugungen und Handlungsoptionen, die der Staat selbst nicht schaffen kann. Eine pädagogische Distanz zur Religion und zu Religionsgemeinschaften erschwert und verunmöglicht sogar multikulturelles Lernen. Eigene Überzeugungen und Haltungen fallen nicht vom pädagogischen Himmel der Gleichgültigkeit, sondern setzen voraus, dass junge Menschen ethischen, reflektiert religiösen und sozialen Haltungen in der Schule begegnen. Das schließt den Dialog mit anderen Positionen und deren Reflexion ebenso mit ein wie die Sprachfähigkeit der Schule, wenn es darum geht, Antworten darauf zu geben, wie Pluralität, unterschiedliche Weltanschauungen und die Vielfalt individueller Lebenslagen und Lebenslinien unter dem Dach eines gemeinsamen Lebens und Lernens in der Schule vereint werden können.

Neben den räumlichen Bedingungen kommt hinzu, dass sozialpädagogisches und ethisch begründetes Handlungswissen in der pädagogischen Ausbildung der Lehrenden an Schulen nicht hinreichend die Aufmerksamkeit bekommt, die erforderlich wäre, um die geforderte Sprachfähigkeit zum Ausdruck bringen zu können. In der Folge gerät eine lebensweltbezogene Unterrichtsplanung in den Hintergrund. Anstatt umfassendes Lernen und gemeinsames Arbeiten, Freizeitgestaltung und praktische Betätigungsfelder anzubieten, das die Schülerinnen und Schüler anspricht, reduziert sich das Angebot auf kurzzeitig angebotene Arbeitsgemeinschaften, die von überlasteten Lehrkräften mitbetreut werden. Ansätze sinnvollen Lernens kommen im Schulalltag immer dann zu kurz, wenn projektbezogener, fächerübergreifender Unterricht oder klassenübergreifende Aktivitäten wegen des zu hohen Zeitaufwandes für Planung und Organisation vernachlässigt werden. Als Folge daraus finden Sozialisationsprozesse außerhalb leistungsorientierter, standardisierter Wissensvermittlung nur bedingt die Aufmerksamkeit, die ihnen aufgrund ihrer Bedeutung für Gestaltung des sozialen und ethischen Gewissens unserer Gesellschaft zukommen müsste.

Schulsozialarbeit und Schulsozialarbeiter[1] aus diakonischer Motivation, die diesem Manko teilweise begegnen könnten, sind oft zu wenig ins Kollegium integriert; außerdem werden ihre Stellen in Zeiten finanzieller Verknappung nicht entfristet oder nicht besetzt. Hinzu kommt, dass eine konkrete Stellen- und Aufgabenbeschreibung mit den Anforderungen für die einzelnen Stellen nicht immer gegeben ist. Damit ist der Status des Schulsozialarbeiters häufig unklar, was die Akzeptanz der Arbeit und die Zusammenarbeit mit dem Lehrerkollegium erschwert. Hier sind die Wohlfahrtsverbände und die Kirche aufgefordert, sich verstärkt einzumischen. Es liegt auf der Hand: Die Jugendlichen, die in der Schule sind, sind dieselben, die auch die außerschulische kirchliche Jugendarbeit ansprechen will oder die, die über Sozialarbeit als Krisenintervention erreicht werden müssen. Deshalb sind Kooperation der Institutionen der Kirche und ihrer Wohlfahrtsverbände, der anderen freien Träger, der Kommunen und der Schulen zur Verbesserung der Lebensqualität und der sozialen und ethischen (im Sinn der multikulturellen Kommunikationsfähigkeit) Kompetenz der Jugendlichen zu fördern und zu stärken. Doch die Kirche tut sich schwer, in das „Hoheitsgebiet" der Schule „einzudringen" und sich als Kooperationspartner anzubieten. Oft sind Unsicherheit und Unwissenheit über mögliche Kooperationsformen ein Hindernis von kirchlicher bzw. diakonischer Seite, auf die Schule zuzugehen; die Schule wird bisher als Arbeitsfeld diakonisch-sozialarbeiterischer Aktivität nicht gesehen oder ausgeblendet. Der Schule kann es nicht im Alleingang gelingen, ihre Lage zu verbessern, sie braucht

---

[1] Aus Gründen der Lesbarkeit wird in der vorliegenden Arbeit auf die Nennung beider Geschlechter mehrheitlich verzichtet, sofern es im jeweiligen Zusammenhang nicht auf das Geschlecht ankommt. Generell wird stattdessen die sogenannte nicht markierte Form (z.B. der Sozialarbeiter) verwendet An dieser Stelle wird mit der Gültigkeit für die gesamte Arbeit betont, dass dies als Synonym für die männliche und weibliche Form vereinfacht verwendet wird und alle männlichen und weiblichen Personen gleichberechtigt gemeint sind.

Unterstützung. In die Planungen eines kooperativen Miteinanders müssen die Umwelt und des Gemeinwesen der Schule berücksichtigt werden und es braucht Akteure, die sich verstärkt für das Gelingen zwischen Kirche und Schule einsetzen und zu einer gemeinsamen Sprache zum Wohle der Schüler und Schülerinnen finden.

Ausdruck dieses gemeinsamen Sprachcodes ist immer wieder die Schulsozialarbeit. Von beiden Seiten her wird Schulsozialarbeit diskutiert. Schule versucht die Anbindung an unterrichtliche Kontexte und die Kirche sucht die Bezugnahme auf den Religionsunterricht in der Schule. Eine diakonisch verstandene Schulsozialarbeit kann dazu beitragen, die Annäherungsprozesse in einer Schnittmenge aus schulpädagogischen und religionspädagogischen Interessenslagen zusammenzuführen und zur Sprachfähigkeit einer Schule gegenüber den neuen Aufgaben und Herausforderungen beitragen.

Schule und Soziale Arbeit als Systeme

Schule und Sozialarbeit sind sich bisher im System Schule einander fremd geblieben. Unter Sozialarbeit wollen wir hier die professionelle Arbeit mit hilfsbedürftigen Personen in bestimmten sozialen Konstellationen und auch Systemen verstehen. Die Arbeit selbst differenziert sich in Begleitung, Hilfestellung, Lösungssuche gemeinsam mit Betroffenen und deren sozialen Umfeld. Ziel ist es, den einzelnen oder eine Gruppe dazu zu befähigen sich aus einer Problemlage zu befreien bzw. ihre Lebenslage so zu gestalten, dass sie befähigt sind ihre Lebenssituation weitgehend bedürfnisgerecht zu gestalten. Sozialarbeit arbeitet also entweder direkt oder als Hilfe zur Selbsthilfe oder hilft bei der Suche nach einer geeigneten Lösung.

Soziale Arbeit als professionelle Arbeit hat seit einigen Jahren auch das Feld der Schule als Aufgabenfeld anerkannt. Zu klären bleibt dennoch, was die Aufgaben der Sozialen Arbeit in der Schule sind. Noch bis etwa vor 15 Jahren wurde zwischen Sozialpädagogik und Schulpädagogik streng getrennt, d.h. das eine System kümmerte sich um Kinder und

Jugendliche innerhalb und das andere um Kinder und Jugendliche außerhalb der Schule. Diese Grenzziehungen, die teilweise berufspolitischer und teils historischer Natur sind, können heute nicht mehr tragen, denn die sozialen Systeme und Gruppen innerhalb der heutigen Gesellschaft sind auf Grund der Individualisierung und Pluralisierung der Lebensverhältnisse und Lebensstile und Familienformen einem starken Wandlungsprozess unterworfen, zu dem sich noch Wertewandel und verschiedene pädagogische Anthropologien gesellen.

Um diese Frage beantworten zu können, bedarf es einer Theorie von Schule, die sowohl Jugendhilfe in ihrem sozialpädagogischen Ansatz als auch Schule von ihrem schulpädagogischen Ansatz als komplementäre pädagogische Dimensionen begreift, die beide zusammengeschlossen sind in einem gesamtgesellschaftlichen Erziehungs- und Bildungsauftrag an den nachwachsenden Generationen.

Schulen lassen sich allgemein als Institutionen der Gesellschaft charakterisieren, die jene eingerichtet hat, um Unterricht und Bildungserwerb zu sichern. Sie sind für einen bestimmten Zeitraum gewollte und gesellschaftlich verantwortete Institutionen zur gemeinsamen und planmäßigen Erziehung und Bildung von Kindern und Jugendlichen. Die Aufgabe der Bildung ist eine umfassende: sie umgreift vor allem die Aspekte der Persönlichkeits- und Charakterbildung; Erziehung dagegen folgt bestimmten gesellschaftlich definierten Regeln und hat die Selbständigkeit des lernenden Subjekts zum Ziel. Bildung und Erziehung sind miteinander verschränkt und bilden einen umfassenden Lernprozess. Lehrende, die ihre Schüler und Schülerinnen in ihrer Subjektwerdung unterstützen wollen, müssen selbst immer wieder die Rolle eines Lernenden einnehmen und sich auf einen Lernprozess einlassen, um ständig die eigenen pädagogischen Kompetenzen zu erweitern.

Dabei ist Erziehung als ein Prozess des Alltäglichen zu verstehen und meint einen intentionalen Akt der Einwirkung. Ziel dieser Einwirkungsprozesse ist es, die Persönlichkeit des Kindes oder des Jugendlichen nachhaltig zu fördern und Räume der Selbstwerdung zu schaffen.

Erziehung kann darüber hinaus verstanden werden als das Einüben bestimmter gesellschaftlich formierter Rollen bzw. der Erwerb erforderlicher Grundqualifikationen. Unterschiedliche Sinninterpretationen von Normen, die im Erziehungsprozess eine Rolle spielen, sind Anlass und Gegenstand pädagogischen Nachdenkens und müssen an den übergeordneten Leitzielen einer demokratisch verfassten Gesellschaft reflektiert werden. Dem Versuch Schule zu beschreiben, steht ein Dickicht vieler Modelle und Phänomenologien, Erscheinungsformen, Entstehungsbedingungen, ineinandergreifender Bildungssysteme gegenüber. Schule ist aber zuerst eine gesellschaftlich verantwortete Institution, die zur Bildung und zur Problemlösung dienen soll, denn Menschen sind von Natur aus soziale Wesen, deren Sozialität aber erst noch im Lauf der Kindheit und Jugend ausgebildet werden muss. Die Schule wird flankiert von weiteren Bildungs- und Erziehungsorten wie Kindergarten, Peergroups, Familie oder die offene Kinder- und Jugendarbeit. Mit dem Eintritt in die Schule betritt das schulpflichtige Kind die Spielwiese des öffentlichen Lebens. Es gelten neue Zeitregelungen und -taktungen. Der Tag wird strukturiert durch die Taktung der Unterrichtsstunde. Das gilt in besonderer Weise für den Schulalltag an einer Ganztagesschule, sofern keine besonderen Strukturen einer abweichenden Rhythmisierung grundgelegt wurden. Das Schulwesen bildet besonders deutlich das durchorganisierte und auf institutionelle Systeme übertragene Erziehungsbemühen der Erwachsenengeneration wider und führt zu einem spürbaren Bruch bisheriger kindlicher Erziehungserfahrung. Das System Schule wirkt dabei besonders stark entgrenzend sowohl auf die Gestaltung von Familienzeiten als auch auf die Wirksamkeit der Sozialarbeit insbesondere der außerschulischen offenen Kinder- und Jugendarbeit. Die Systeme Schule und Soziale Arbeit stehen sich hier an einer noch nicht hinreichend bestimmten Schnittstelle gemeinsamer Bildungs- und Erziehungsverantwortung.

„Die Erwartungshaltung der Schule, ich sag's jetzt mal ganz ehrlich, war, dass die Stadt das und das zu machen hat, was abgesprochen war, was sie da auch immer macht. Das ist denen ja …

Da geht's ja nicht drum, die wollen ja keinen Medienpädagogen
oder Sozialpädagogen, die wollen es später gut verkaufen können,
aber Hauptsache, die Kinder sind versorgt und gut ist und das ist
dann nicht mehr mein Ding. So war das am Anfang." (I-1, Z.
376-381)

Jugendhilfe und Schule sind zwei Sozialisationsinstanzen mit den histo-
risch gleichen Wurzeln, die heute wieder zusammenfinden (müssen).
Die Zusammenarbeit der beiden Institutionen unter Einbeziehung der
Lebenswelt, der Lebenslagen und unterschiedlichen Lernvoraussetzun-
gen von Kindern und Jugendlichen beiderlei Geschlechts kann präventiv
und integrativ wirken.

Anlass für die Kooperationsbemühungen waren gesellschaftliche
Problemlagen und Anforderungen, die sich im Schulalltag niederschlu-
gen und die die Schule nicht mehr alleine bewältigen konnte und wollte,
weshalb sie sich einen problemlösungsorientierten Partner, die Jugendhilfe eben mit ihrem umfangreichen Repertoire an Hilfsangeboten, such-
te. In der Literatur findet sich das Wort vom „Reparaturbetrieb" Jugendhilfe, den sich die Schule zu Nutzen machte und der noch heute in
vielen Fällen den Grundcharakter der Sichtweise von Schule auf Jugendhilfe kennzeichnet. Es war der PISA-Schock im Jahr 2000 und die
Bildungs- und Sozialpolitik einer von SPD und GRÜNEN geführten
Bundesregierung und deren Investitionsprogramm von 2003 „Zukunft
Bildung und Betreuung" (IZBB), was dazu führte, dass ab 2003 Ganztagsschulen flächendeckend in ganz Deutschland eingeführt werden
und die Diskussion über die Zusammenarbeit von Jugendhilfe und
Schule intensiver geführt worden ist und eine gelingende Zusammenarbeit notwendiger denn wird, um den Bildungs- und Erziehungsauftrag
in beiden Systemen erfüllen zu können

Die Jugendhilfe steht hinsichtlich des Verhältnisses zwischen den be-
nötigten Ressourcen und der tatsächlich erbrachten Qualität der Hilfen
verstärkt unter einem Legitimationsdruck. Von ihr werden immer öfter
Effizienz- und Effektivitäts-Nachweise eingefordert. Gleichzeitig rückt
auch die konsequente Adressatenorientierung in den Mittelpunkt des

Interesses. Hinzu kommt, dass neue Steuerungsinstrumente in die Arbeit der Jugendhilfe Einzug halten und Handlungsfelder der Jugendhilfe wie die offene Jugendarbeit, die Jugendsozialarbeit und ihr eigenständiger Bildungsauftrag sich in der Kooperation mit der Schule verändern.

Aber auch die Schule steht – spätestens seit der durch die PISA-Studie initiierten Bildungsdiskussion – unter kritischer Beobachtung und einem hohen Veränderungsdruck. Aus Halbtagsschulen werden Ganztagsschulen, aus Hauptschulen werden Werkrealschulen. Neue Bildungskonzepte sollen eingeführt, das alte System aber möglichst stabil bleiben. Aktuell kommt eine Diskussion um den Status von Sonderschulen und die Integration von Kindern und Jugendlichen in den Regelschulbetrieb hinzu.

Die vorliegende Arbeit wird über zwei Zugänge, Literaturanalyse und eine explorative Studie zu generieren suchen, welche Steuerungstechniken es auf Seiten der Jugendhilfe gibt und zukünftig benötigt werden, um eine gelingende Kooperation mit Schule anzubahnen. Darüber hinaus suchen die Autoren weitere Rahmenbedingungen einer gelingenden Kooperation zu erhellen. Sie gehen auch der Frage nach, inwieweit die Kinder- und Jugendhilfe im Hinblick auf die Kooperation mit der Schule eine eigene Strategie des Wandels entwickelt hat. Um diese Frage zu beantworten, wird in den Interviews der Frage nachgegangen, wie die Kooperationen motivational begründet sind und welche Auslösefaktoren für eine Kooperation auszumachen sind. Was hat sich in den Systemen seit der Kooperation verändert und welche Bedingungen oder Entwicklungen erschweren die Kooperation?

Aus diesen Fragestellungen lassen sich folgende Überlegungen und Hypothesen ableiten:

1. Die Stärken und Kompetenzen der Jugendhilfe werden in der Zusammenarbeit oft nicht erkennbar, die verschiedenen Handlungsfelder und das Aufgabenspektrum der Jugendhilfe sind der Schule oft nicht als solche bekannt.

2. Die Jugendhilfe muss ihr Instrumentarium (z. B. das Hilfeplanverfahren) stärker in die Kooperation einbringen und es in Zusammen-

arbeit mit der Schule bedarfsgerecht und wirkungsorientiert weiterentwickeln.

3. Nutzerinteressen müssen stärker, konsequent und systematisch –
   entweder über Beteiligung oder über Befragungen u.ä. – berücksichtigt werden.

4. Die Jugendhilfe muss ihre Kooperationsfelder (Jugendarbeit, Jugendsozialarbeit, Bildungsauftrag) mit der Schule analysieren und
   auf Grundlage dieser Analyse Ziele und Methoden benennen und
   eine eigene Strategie der Veränderung entwickeln.

5. Steuerung muss über langfristige Kontrakte erfolgen, in denen Ziele
   und Controllingverfahren definiert werden und die Qualität der Arbeit langfristig gesichert wird.

Um Antworten darauf generieren zu können, wurden Experten aus den
beiden Systemen Schule und Jugendhilfe zu ihren Kooperationserfah-
rungen und der Wirksamkeit und dem Nutzen von Kooperationen befragt. Voraussetzung für das Einordnen der Ergebnisse war ein intensi-
ves Aufarbeitung von Fachliteratur zu den Grundlagen, Aufgaben,
Strukturen und Arbeitsfeldern der Systeme Jugendhilfe und Schule. Der
Schwerpunkt der Literaturanalyse lag dabei auf Kooperation und Ko-
operationserfahrungen und dem Bildungsverständnis, das dem jeweiligen System zu Grunde gelegt wird. Hier liegt nach Auffassung der Autoren ein zentraler Erfolgsfaktor gelingender Kooperation begründet.
Zusammengenommen skizzieren die Aussagen der interviewten Personen Grad und Form der Kommunikation zwischen den Kooperations-
systemen Schule und Jugendhilfe.

Der vorliegende Band wird mit einem Diskurs zu Bildungsgerechtigkeit, Chancengleichheit und zu Bezugslinien von Ganztagsschule und
Jugendhilfe eröffnet. Der Teil der theoretischen und fachlichen Grundlagen der Kooperation von Jugendhilfe und Schule hebt die Unterschiede
und Gemeinsamkeiten der beiden Systeme hervor, um anschließend auf
die Ganztagsschulkooperation einzugehen, wie sie aktuell in vielen Ko-
operationsmodellen zur Diskussion an steht. Anschließend wenden sich

die Autoren der Jugendhilfe, ihren rechtlichen Grundlagen, ihrer Struktur, Bedeutung und ihrer Handlungsfelder, von denen die Jugendarbeit, Jugendsozialarbeit und Schulsozialarbeit eine wesentliche Rolle in der Kooperation spielen, zu. Die beiden Grundprinzipien Partizipation und Freiwilligkeit werden beschrieben, weil sie gewissermaßen Stolpersteine in einer rechtlich einwandfreien Kooperation von Jugendhilfe und Schule spielen.

Im Anschluss daran werden die rechtlichen und formalen Grundlagen des Systems Schule und seine Strukturen disktuiert, um sich dann etwas ausführlicher der Ganztagsschule und ihrer Rahmenbedingungen zuzuwenden.

Dem theoretischen Teil schließt eine Beschreibung der Jugendhilfe-Steuerung an. Dem Neuen Steuerungsmodell schließt sich eine Beschreibung der Steuerungsmöglichkeiten im System Schule an. Dem methodischen Vorgehen zur Generierung der empirischen Daten folgen das Setting und der Erkenntnisertrag der Interviews. Der Band schließt mit einer Würdigung des empirischen Ertrages durch die Autoren und weiterführenden Überlegungen zum Themenfeld von Jugendhilfe und Ganztagsschule über die Einzelschule hinaus.

2 Zum Hintergrund von Ganztagesschule, Bildungsgerechtigkeit und Chancengleichheit

Das grundlegendste und weitreichendste utopische Gedankengut des tschechischen Theologen und Pansophisten Comenius gipfelt in der Idee einer globalen Weltordnung, die durch die Instanzen eines Weltfriedensgerichts (dicasterium pacis), einer Weltorganisation der Wissenschaften (collegium lucis) und einem Konzil aller Religionen (concilium oecumenicum) geschaffen werden soll (vgl. Seibt 1972). Ziel dieser politischen Utopie war der Weltstaat aller Menschen guten Willens. Dieses Ziel will Comenius durch die Ausbildung einer Pansophie, einer All-Weisheit, erreichen, *„in der sich die Quintessenzen aller Wissenschaften und Künste, aller Philosophie und Theologie vereinen"* (Scheuerl/Schöer 1981, S. 163) und die Menschheit in eine andauernde Zeit des Friedens führen. In seiner, Jahrhunderte verschollenen und erst seit 1966 zugänglichen Hauptschrift Allgemeine Beratung über die Verbesserung der menschlichen Dinge (Consultatio Catholica, 1657-1670), die Comenius als Grundlagentext für die Arbeit seiner drei Weltkonzilien begriff, entfaltet der Reformer sieben universale Dimensionen der Pansophie. Der Panpaedia, der All-Erziehung, kommt hierbei die zentrale Stelle im Werk zu. Ihre Leitformel lautet, dass *„allen alles allseitig gelehrt werden solle"* (ut omnes omnia omnino doceantur; CC 1966).

„Omnes" – alle Menschen, egal welcher Herkunft, sozialen Standes und Geschlechtes, ohne Unterschied bekommen die gleiche Förderung bekommen ~~sollen~~ und Anspruch auf Bildung haben.

„Omnia" – nicht die Anhäufung von Faktenwissen und „Vielwisserei" steht im Vordergrund, vielmehr sollten wichtigste Tatsachen und Ereignisse in lebensweltlichen Bezügen gelehrt und erklärt werden.

„Omnino" – alles „allseitig" mit Blick aufs Wesentliche, ganzheitlich, von Grund auf und spontan lernen sind wichtige didaktische Grundsätze, der Mensch in seiner Ganzheitlichkeit aber auch Vielfalt und Individualität ist in seinen kognitiven Fähigkeiten und seinen vielfältigen Sinneswahrnehmungen und praktischen Fertigkeiten angesprochen.

Comenius skizziert das christliche Menschenbild, wie es einem heutigen Bildungsverständnis in Evangelischer Perspektive zugrunde gelegt ist. Demnach ist der Mensch ein kreatürliches Wesen, das durch die Imago Dei seine Einzigartigkeit a priori zugesprochen bekommen hat. Der Topos der Gottebenbildlichkeit weist zugleich auf die Unverfügbarkeit der Person hin. Bildung bildet den Menschen. Nach evangelischem Verständnis steht im Zentrum jeglicher Bildung das Individuum in der Vielfalt seiner Bezüge – zu Gott, zu sich selbst, zu den Mitmenschen, zu den Mitkreaturen, zur Gesellschaft, zur Welt. Er ist Subjekt innerhalb eines Bildungsprozesses. Ziel ist die Selbstbildung, worin der Mensch sich seiner Bestimmung hin entwickelt (vgl. Härle 2004, S. 74). Ihn also in seiner Subjektwerdung zu begleiten und die Entfaltung seiner Persönlichkeit zu unterstützen. Unvollkommenheit und Fehlbarkeit werden als weitere konstitutive Merkmale des christlichen Menschenbildes angesehen. Die Lebenslinien eines jeden Menschen sind individuell und auch von Brüchen und von Scheitern gezeichnet. In der Unvollkommenheit kommt zum Ausdruck, dass es den idealen Menschen nicht geben kann. Menschsein geht nicht auf in alltäglichen Zweckzusammenhängen, sondern ist um Gottes und um seiner selbst willen da. Darin liegt seine Würde. Comenius forderte nach einer Allgemeinbildung, Selbstständigkeit und Chancengleichheit für alle und nach einer gewaltfreien, freundlichen Schule und Erziehung. Diese Vorstellungen sind bis heute gültig geblieben. Ebenso gültig geblieben sind seine Erziehungsziele, die Erziehung des Menschen zur Menschlichkeit und die dadurch entstehende Weltverbesserung. Comenius ist eine Art Bindeglied zwischen der Renaissance und der Aufklärung: Einerseits in der theologischen Tradition

stehend, anderseits die Vernunft eines jeden Menschen, die Eigenverantwortung und Selbstständigkeit betonend. Bei Comenius sind die politische und die pädagogische Utopie aufeinander bezogen. Diese Bezo-
genheit sei im Folgenden reflektiert. Wohl von sich selbst wissend, dass
es sich um ein „Nirgendwo" handelt, zielt die politische Utopie doch auf
Erschütterung und Veränderung des status quo. Die politische Utopie ist
daher immer ein Stachel im Fleisch derer, die möglichst keine bzw. sogenannte realistische Veränderungen möchten. Die Utopie dient also als
Waffe gegen die Sklerose des „Machbaren", des „Realistischen", des
„Opportunen" bzw. des „Utilitaristischen". In diesem Sinn unterhält die
Utopie immer eine Beziehung mit dem Wirklichen; sie ist die umgedreh-
te Welt, ihr Spiegel; sie ist der Wirklichkeit zugleich entrückt und haut-
nah, ihr sowohl entfernt als auch vertraut.

Allgemeinbildung als zeitgemäße Comenius-Rezeption

Wolfgang Klafki greift Comenius' Konzept des „omnes, omnia, omnino"
auf, schärft seinen Begriff der „Kategorialen Bildung„ hin zu Allgemeinbildung und gibt ihm eine politische Dimension. Er folgt Comenius insofern, als er die politische Utopie als Voraussetzung für Veränderungen
ansieht und diese Veränderungen sich in einer Erziehungsutopie der
Allgemeinbildung niederschlagen, sie dabei aufeinander bezogen sind.
Bildung ist für Klafki jetzt Allgemeinbildung in einem dreifachen Sinn:

1. Allgemein im Sinn: für alle

Vor dem Hintergrund, dass Schule sozial hoch selektiv wirkt, d.h. Kinder bildungsferner Schichten oder Kinder mit nicht konventionellen Le-
bensläufen benachteiligt und Kinder bildungsnaher Schichten bevorteilt
werden. – Das widerspricht dem Demokratiegebot unserer Gesellschaft.
Klafki steht hier für eine Bildung mit gleicher Chancenverteilung ein.

2. Allgemein im Sinn: allseitig

Klafki fordert die vielseitige Interessen- und Kompetenzentwicklung für
den Unterricht ein, was zu einer Erweiterung des Lernbegriffes führt:

- Lernen ist nicht mehr nur ergebnisorientiert, kognitives, soziales und emotionales Lernen sind eingeschlossen
- Lernen beschränkt sich nicht mehr ausschließlich auf den klassischen Bildungskanon. Unterricht greift sowohl vergangene und gegenwärtige Kultur auf und nimmt die zukünftige vorweg.

3. Allgemein im Sinn: durch das Allgemeine

Klafki interpretiert zu Recht das „omnino" bei Comenius, das theozentrisch ausgerichtet war „und für das heutige Verständnis so nicht mehr uneingeschränkt akzeptiert wird, als die Auseinandersetzung mit „epochaltypischen Schlüsselproblemen unserer kulturellen, gesellschaftlichen, politischen, individuellen Existenz". Das geschieht anhand der Friedensfrage, der Umweltfrage, der Frage nach gesellschaftlich produzierter Ungleichheit, der Frage nach der Interkulturalität, der Frage nach neuen Medien und der Frage nach der Ich-Du-Beziehung.

Wenngleich Heinz-Elmar Tenorth kritisch an merkt, dass diese allgemeine Bildung, wie sie sich heute auf Klafki bezogen in einem dreifachen Sinn wider gibt, eine Utopie ist und auch immer schon war, nämlich eine seinstranszendente Vorstellung mit realitätsveränderndem Gehalt (vgl. Tenorth 1994), bleibt es dennoch die Leistung Klafkis, Comenius theozentrische Ausrichtung für eine offene Gesellschaft „lesbar" in unsere Zeit zu transformieren. Insofern schließt sich der Kreis zu Comenius politischem Ansinnen als Voraussetzung dafür, Bildung für alle vor dem Hintergrund einer gerechten Gesellschaft als Ziel anzustreben. Tatsächlich ist das auch Klafkis Intention, wenngleich sein Modell einer Kategorialen Bildung mehrheitlich in schulpädagogischen und im Besonderen in schuldidaktischen Kontexten Aufmerksamkeit findet und letztlich in seiner kritisch-konstruktiven Didaktik vollends aufzugehen scheint.

Dem möchte ich an dieser Stelle widersprechen und Wolfgang Klafki die Chance des zweiten Blickes geben. Tatsächlich reicht Klafkis Bildungsverständnis weiter, gerade deshalb, weil es Bildung über formale Bildungsvermittlung hinaus breiter deutet und wie er über die Bestim-

mung von Schlüsselproblemen eines „durch das Allgemeine" begründeten Bildungshandeln zum Ausdruck bringt, als

> *„geschichtlich vermitteltes Bewusstsein von zentralen Problemen*
> *der Gegenwart und – soweit vorhersehbar – der Zukunft zu ge-*
> *winnen, Einsicht in die Mitverantwortlichkeit aller angesichts*
> *solcher Probleme und Bereitschaft, an ihrer Bewältigung mitzu-*
> *wirken. Abkürzend kann man von der Konzentration auf epochal-*
> *typische Schlüsselprobleme unserer Gegenwart und der vermutli-*
> *chen Zukunft sprechen."* (Klafki 1996, S. 56)

Es sind die Schlüsselprobleme, die nach Klafkis Verständnis nicht
unbegrenzt erweiterbar sind und die alle in die Mitverantwortung nehmen und sie in ihrer Bereitschaft zur Bewältigung ansprechen sollen.
Klafki beschränkt sich also nicht ausdrücklich auf eine Lebensphase und
einen Bildungsort. Ein Blick auf die von Wolfgang Klafki kategorisierten
fünf Schlüsselprobleme Frieden – Umwelt – gesellschaftliche Ungleichheit – Kommunikationsmedien – Ich-Du-Beziehung macht deutlich,
weshalb eine zeitliche und örtliche Beschränkung der Aufarbeitung und
Bewältigung nicht gelingen kann.

Es sind Problemfelder, die ebenso außerhalb schulischer Lernstruktu-
ren die Lebenslinien von Schülerinnen und Schülern, aber auch das von
Erwachsenen kreuzen und deshalb nicht ausschließlich formaler Bil-
dungshoheit zuschreibbar sind. Vielmehr lässt sich meiner Ansicht nach
ein Appell zu Gunsten einer Allgemeinbildung oder im Sinne von
Thomas Rauschenbach eine Stärkung von Alltagsbildung oder non-
formale und informelle Bildung herausdeuten.

Alltagsbildung als die andere Seite der Bildung

Diesem Deutungsszenario, das an dieser Stelle noch utopische Züge
aufweist, wird im Folgenden Thomas Rauschenbachs Alltagsbildung als
Schlüsselproblem oder wie er es umschreibt: Alltagsbildung als bil-

dungspolitische Revolution der Wissensgesellschaft erhellend zur Seite gestellt.

Thomas Rauschenbach weist zu Recht darauf hin, dass im Bewusstsein angekommen ist, dass es jenseits der schulisch-formalen Bildung auch noch eine andere Seite der Bildung gibt (vgl. Otto/Rauschenbach 2008) und wie sie die programmatische Formel „Bildung mehr als Schule ist" (BMFSFJ 2005, S. 49) auch bereits andeutet. Wenngleich also angedeutet ist, dass es neben der Schule noch andere bildungsrelevante Orte gibt, werden ihnen residualkategorische Eigenschaften beigemessen – etwa in Sinne von alles was es so noch neben Schule gibt – womit nonformale und informelle Bildungsorte und Bildungsprozesse in ihrer Bedeutung für Lebenslanges Lernen und eine gelingende Bildungsbiografie des Einzelnen marginalisiert werden.

Ein kritischer Blick auf die PISA-Studien verdeutlicht in diesem Zusammenhang zweierlei:

1. die Übermacht der Schule: denn obwohl nicht die Schule im internationalen Vergleich steht, sondern die 15jährigen Schülerinnen und Schüler mit ihrem aktuellen Kompetenzstatus, werden die PISA-Studien selbstverständlich als Schulvergleichstest bezeichnet.

2. das System Schule stützt sich in ihrer gegenwärtigen Verfasstheit stillschweigend auf ein Begleit- und Unterstützungssystem von dritter Seite: Familie, Kindergarten und Kindertagesstätten, außerschulische Akteure insbesondere aus dem Kreis der Sozialen Dienste.

Gerade dieser außerschulische Bereich ist es, der zunehmend instabil und brüchig wird und die Folgen dieser Instabilität wirken unmittelbar in die Schule hinein. Funktionieren diese Bildungswelten vor und nach der Schule nicht mehr, kann sich die Schule nicht mehr auf ihre „Ko-Produzenten" verlassen, ist die Funktionsfähigkeit der Schule in Frage gestellt. Und gerade das erleben wir seit etwa 10 Jahren. Vielleicht, so ist an dieser Stelle zu fragen, sind es nicht die schulischen Rahmenbedingungen und Strukturen, die die Bildungsungerechtigkeit und Chancenungleichheit und damit die ohnehin schon vorhandene Selektionsfunktion der Schule noch verstärken, sondern das brüchige Konstrukt der

Alltagsbildung, das im Wesentlichen drei sich zueinander interdependent verhaltende Dimensionen aufweist:

1. Andere Bildungsorte für nonformales und informelles Lern- und Bildungssettings z. B. Familie, Kindertagesstätten oder die offene Kinder- und Jugendarbeit

2. Andere Modalitäten des Kompetenzerwerbes, die jenseits standardisierter Lehr-Lernprozesse stehen. Insbesondere Lernen durch Versuch und Irrtum, Erfahrungs- und Handlungslernen sind zu stärken.

3. Andere Bildungsinhalte, die außerhalb schulischer Curricula stehen und zusätzlich zu den „Soft-Skills"-Themen wie Verantwortungsbereitschaft, Teamfähigkeit, Selbstständigkeit etc. das Kompetenzprofil des Einzelnen um Kenntnisse und Fähigkeiten erweitern, die nicht schulisch vermittelt werden und mitunter sehr individuell und speziell sind z.B. Verantwortlicher Umgang mit Nutztieren (Landwirtschaft), Übernahme von Haushaltsarbeiten (Kochen, Einkaufen), aktiver Artenschutz durch Gewässerhege (Fischen), Wetterkunde und besondere Kenntnisse im Segelflug (Segelfliegen)

Es geht, um auf Comenius zurück zukommen, darum

- mehr Bildungsgerechtigkeit also jedem die Chance zu gewähren, sich zu bilden, indem jeder zu jeder Zeit Zugang zu Bildungsangeboten erhält auch außerhalb der Schulbiografie

- mehr und alternative Bildungsinhalte als gleichwertig zu formalen Bildungsangeboten stehen Anerkennung finden

- mehr individualisiertes Lernen angeboten wird und die zweite Chance garantiert wird, die Lernen und sich bilden jenseits des ersten formalen Bildungsganges konsenfähig und gleichwertig gegenüber den klassischen Bildungsabschlüssen macht.

Was zunächst als einfache Aufgabe erscheinen mag, birgt auf der anderen Seite auch Gefahren. Zwar könnte unstrittig behauptet werden, dass die Alltagsbildung viele der vermeindlich als schulimmanent identifizierten Probleme abwenden könnte – Migration und soziale Herkunft wirken stärker auf Bildungsbiografien als die jeweilige Schulform – andererseits erweist sich die Alltagsbildung als bildungspolitische Herausforderung, insbesondere deshalb, weil sie schwer zu fassen, implizit, ungeregelt und inhaltlich beliebig scheint.

Wenngleich es heute unbestritten sein muss, dass Bildung sich nicht auf den Bildungsort Schule beschränken lässt, so unbestritten ist es, dass Bildung außerhalb formaler Bildungsangebote nicht den Stellenwert bekommt, der ihr beigemessen werden müsste.

In einer neuen Verhältnisbestimmung von formaler Bildung und Alltagsbildung, zwischen Schule und außerschulischen Bildungsorten, zwischen schulischen und lebensweltlich orientierten Inhalten und eines partizipativen und ausgewogenen Miteinanders sieht Rauschenbach eine (zweite) bildungspolitische Revolution der Wissensgesellschaft begründet. Alltagsbildung wird dabei zum Schlüsselproblem der Zukunft einerseits, weil sich aufgrund mangelnder Standardisierung soziale Ungleichheiten leichter reproduzieren lassen und soziale Differenz dadurch erzeugt werden würde. Andererseits lernen je nach sozialem Background Kinder wie selbstverständlich Dinge, wie sie in ihrem Alltag vorkommen und anderen Kindern bleiben diese lebensweltlichen Bildungsimpulse verwert, weil sie in ihrer Lebenswirklichkeit nicht vorkommen. Greifen hier öffentliche non-formale und informelle Bildungsangebote, ist die mögliche Gefahr wachsender sozialer Diskrepanz, die durch die Alltagsbildung ihre Verstärkung erfahren würde, gebannt.

In der Folge heißt das, dass die Alltagsbildung und ihre Protagonisten neben einer Aufwertung mehr Transparenz erfahren müssen. Aufwertung dadurch, dass das familiale Bildungsgeschehen professionell unterstützt wird, Familien- und Elternbildung Teil informeller Bildungsinitiierung wird. Aufwertung aber auch durch die Professionalisierung von Ko-Produzenten formaler Bildung – ErzieherInnen und FrühpädagogInnen und den Ausbau von frühkindlichen Angeboten und von Kindertagesplätzen. Transparenz indem lebensweltbasierte Bildungsinhalte jenseits formalisierter Bildungspläne individuell angeboten werden. Transparenz aber auch, indem kompetenzorientiere Lernanreize gesetzt werden, die sich mit basalen und haptischen Grunderfahrungen gerade in der frühkindlichen Phase ergänzen. Und nicht zuletzt Transparenz dadurch, dass die Verantwortung für die Gestaltung von Übergängen gemeinsam verantwortet wird und nicht dem einzelnen Kind, seiner Familie oder der aufnehmenden Institution überlassen bleibt.

Bildungsgerechtigkeit durch Lernchancen

Als Konsequenzen daraus leiten sich neue Legitimationspfade für Lebenslanges Lernen, Ganztagesbildung und frühkindliche Förderung ab, die jenseits eines merkantilistischen Anspruchsdenkens begründet sind und der Spur eines christlich begründeten Bildungsverständnisses vor dem Hintergrund des christlichen Menschenbildes folgen.

In diesem Zusammenhang ist das Einstehen für Bildungsgerechtigkeit als das Wesen diakonischer Kirche zu sehen. Die Aufgabe einer diakonischen Kirche bestünde nach Comenius darin, sich für einen gerechten Zugang zu einer guten Bildung und Ausbildung einzusetzen, um so zu mehr Teilhabegerechtigkeit innerhalb der Gesellschaft beizutragen. Teilhabegerechtigkeit in dieser Weise vermindere das Armutsrisiko – Nichtteilhabe an gesellschaftlichen und ökonomischen Ressourcen fördere dagegen das Armutsrisiko. Ein derartiges kirchliches Engagement gründet auf dem Selbstverständnis der Gleichwertigkeit jedes Einzelnen gegenüber seinen Mitmenschen, wie es einem christlichen Verständnis vom Menschsein zugrunde liegt, und widerspricht dem gesellschaftlichen und bildungspolitischen Denken von „Gleichsein". Denn es geht nicht darum, dass jeder die gleiche Chance, die gleiche Bildung angeboten bekommt. Vielmehr müssen die individuelle Begabung, die Vielfalt und Verschiedenartigkeit bei gleichzeitiger Unverfügbarkeit der Person berücksichtigt und durch entsprechende Bildungsangebote angesprochen werden (vgl. EKD 2003, S. 28ff). Ein evangelisches Bildungsverständnis folgt konzeptionell dem Prinzip *„Bildung als Lebensbegleitung"* (EKD 2003, S. 62) und bringt damit einerseits ein umfassendes Verständnis von Bildungshandeln zum Ausdruck, das – über ein Bildungsminimum hinaus und entgegen materialistisch-utilitaristischer Zweckdefinitionen – die Einzigartigkeit und damit die Vielfalt menschlicher Existenz und deren Lebenslinien bejaht und gleichzeitig ein an den Lebenslagen des Einzelnen orientiertes Bildungshandeln anstrebt.

3   Bezugslinien Ganztagsschule – Jugendhilfe

3.1   *Die Ganztagsschule im Sog politischer Programmatik*

In der öffentlichen Wahrnehmung gewinnt das Modell der ganztägigen Schule zunehmend an Befürwortern. Selbst bei den vormals noch kritisch eingestellten christlichen Parteien und den Kirchen, die bislang in einer ganztägigen Beschulung die Familie als einen (bildungs)politisch geschützten Raum gefährdet sahen, sind zu Verfechtern einer institutionalisierten ganztägigen Beschulung mutiert (vgl. Gillmann 2009). Es scheint so, als würde nach und nach eine im internationalen Vergleich beobachtbare Besonderheit des deutsches Schulsystems bröckeln (Kolbe; Reh 2009; Kolbe et al. 2009) – der Halbtagsschulbetrieb.

Warum tun sich dennoch die Politik und die Öffentlichkeit immer noch so schwer, die Ganztagsschule zu akzeptieren? Es ist wohl der Umstand, dass die als Tradition des deutschen Bildungssystems titulierte Halbtagsschule letztlich aus einer Kritik am institutionalisierten Schulbetrieb und einer Kritik an reformpädagogischen Modellen entstanden ist. Diese beiden als ursächlich bestimmbaren Programmatiken stehen Kolbe/Reh folgend für eine Hypothek, die den weiteren Ausbau einer ganztägigen Beschulung in Deutschland erschwert. Auch deshalb, weil sie in besonderer *Weise „die Ganztagsschule immer in die Nähe zur kompensatorischen Einrichtung familiärer Defizite"* (Kolbe; Reh 2009, S. 671) bringen. Dabei haben sich gesellschaftlichen Rahmenbedingungen deutlich verändert und diese Veränderungen wirken als Herausforderungen auf die Schule. Schule in einer Zivilgesellschaft muss sich heute unter anderem mit Themen wie Gewaltformen (Amoklauf von Winnenden), Drogen, Rechtsorientierung Jugendlicher bis hin zu Formen von Menschenfeindlichkeit und Rassismus, Globalisierungsfragen, aber auch jugendlicher Identitätsbildung in Patchworkfamiliensystemen usw. auseinandersetzen. Ein Inselleben ist für die Schule längst nicht mehr möglich und die Frage nach dem Schonraum Schule muss dem Anspruch weichen, Schule als lebenwirklichheitsnahe und auf die individuellen Lebenslangen reagierende und über Schulprogramme agierende Institution zu sehen und dahin zu entwickeln. Das bedingt auch, dass sich die Schule konsequent in das jeweilige Gemeinwesen hinein vernetzen und dort Ressourcen erschließen muss, um sich gleichzeitig vor Überforderung in der Aufgabenerfüllung zu schützen.

3.2   Basale Herausforderung für ein Modell ganztägiger Bildung

Unverkennbar ist eine bundesweite Aufbruchstimmung hin zur Ganztagsschule, wenngleich eine flächendeckende Versorgung nicht gewährleistet ist. Als Desiderat wird in der Studie des Bundesbildungs- und Forschungsministeriums (vgl. Holtappels et al. 2007, S. 71-72f.) festgehalten: *„Der Aufbau des Ganztagsschulsystems sollte weiter vorangebracht werden, ... als qualitative Erweiterung der Ganztagsschulversorgung."* Und in Bezug auf Schulleitung zeigt sich jedoch gleichzeitig, dass ein erheblicher Teil der Schulen konzeptionelle Schwächen aufweisen. Das gilt insbesondere für die systematische Ganztagsschulentwicklung und der pädagogischen Fundierung von Bildungskonzepten (vgl. Holtappels et al. 2007, S. 74), die dem Anspruch nach Bildung und Erziehung über den ganzen Tag gerecht werden könnten.

   Bislang fehlen Lösungen zu einer bedarfsorientierten und individualisierten Bildungsplanung über den ganzen Tag. Zu stark werden der Vormittag als „schulische Einheit" und der Nachmittag als „Betreuung mit Bildungsangeboten" voneinander getrennt. Es sind Schulprogramme zu erstellen, die den Anspruch ganztägiger Bildung in der Schule umsetzen. Das heißt u. a., die Öffnung der Schule in Richtung Gemeinwesen, die Einbindung der Familie als außerschulischem Bildungsraum oder Formen der Kooperation zwischen schulischen und außerschulischen pädagogischen Fachkräften müssen Niederschlag finden in den Entwicklungsfeldern einer Ganztagsschule. Ganztagsschulen sind mehrheitlich strukturelle und organisationale Mutanten von Halbtagsschulen. Ihnen fehlen bedarfsgerechte Raumkonzepte, was beschränkend auf die Entwicklung pädagogischer Konzepte wirkt. Hinzu kommt, dass diesen Mutanten häufig noch Mensen und ausreichende Möglichkeiten der Verpflegung, Aufenthaltszonen für Schüler und Lehrer oder Rückzugs- und Ruhezonen fehlen. Im Außenbereich der Schulen sind die Freiflächen meist nicht so ausgelegt, dass man einen über die Pausenzeiten hinausgehenden Aufenthalt dort sinnvoll gestalten kann. Die Ganztagsschule muss programmatisch den Leitsatz „Schule als Lebensraum" umzusetzen suchen. Dazu gehört auch, dass die Zeittaktung weg vom 45-Minuten-Takt zu einem 60 oder 90-Minuten-Takt hin entwickelt werden muss. Ziel muss es sein, über den Tag eine andere Rhythmisierung von Lernangeboten und ergänzenden und außerschulischen Angeboten zu gewährleisten und Lerneinheiten inhaltlich wie zeitlich stärker zu individualisieren und auf Nachhaltigkeit auszurichten. Mit Nachhaltigkeit ist in diesem Zusammenhang weniger der schulische Outcome gemeint, sondern vielmehr das Ziel, der selbstständigen Weiterarbeit im Sinne einer selbstbestimmten Aneignung formaler und non-formaler Bildungsinhalte. Notwendig dafür sind Konzeptionen, die eine Zusammenarbeit der Schule mit sozialen, gewerblichen oder kulturellen Einrichtungen oder Sportvereinen planbar und in die Strukturen einer Ganztagsschule integrierbar machen. Bislang fehlen darüber hinaus dezentrale Angebote zur Fort- und Weiterbildung des pädagogischen Personals als Voraussetzung dafür, Handlungskompetenzen und Gestaltungsperspektiven zur pädagogisch-konzeptionellen Weiterentwicklung der (Ganztags) schule zu erwerben. Der Diskurs zu den möglichen Beschränkungen und Defiziten der Schule auf dem Weg zur Ganztagsschule ist individuell zu führen, findet aber immer vor dem Hintergrund eines öffentlichen Diskurses zur Legitimation einer ganztägigen Schule statt.

3.3   *Begründungszusammenhänge einer ganztägigen Bildung*

Um den ambivalent geführten Debatten zur Ganztagsschule einen erhellenden Hintergrund zu geben, werden im Folgenden Begründungs- und Legitimationslinien, die direkt und indirekt Wirkungskräfte gegenüber der Schule mit Ganztagesangebot und deren Schulleitung entfalten können, ausgeführt. Ein Verständnis für die neuere Geschichte der Ganztagsschule (vgl. Ludwig 2008, S. 517ff.) scheint umso mehr notwendig, als sich nur im Kontext von Bezugs- und Legitimationslinien einer ganztägigen Bildung jene Widerstände und Vorbehalte dagegen erklären lassen. Diese Vorbehalte wirken in unterschiedlicher Ausprägung wesentlich auf die Umsetzungs- und Ausgestaltungsprozesse einer Ganztagsschule. Es sind vielfältige Entwicklungen innerhalb unserer Gesellschaftsordnung, die zu einer veränderten Sicht auf Schule zwingen. Wesentlich und alle Bereiche überspannend sind es die Auswirkungen einer rasant fortschreitenden Globalisierung und als Folge eine mehr und mehr von Vielfalt und Heterogenität geprägte ökosoziale Struktur, die unmittelbar auf die Schule einwirkt und dazu führt, dass sie in ihren bisherigen Organisationsformen und mit ihren bisweilen reduzierten Aufgabenzuweisungen in Frage gestellt werden muss, weil sie ihrem bisherigen Verständnis folgend nicht mehr den Anforderungen an schulische Bildung und Erziehung gerecht werden kann. Die starken Veränderungen in den Lebenslagen von Kindern und Jugendlichen und die Zweifel an tradierten Mustern der Familie, des sozialen Miteinanders, des Werte- und Normensystems und der kulturellen Identität führen in ihrer Gesamtheit zu einem Reformdruck, der andere Formen des Lernens, andere Zielsetzungen schulischer Erziehungsarbeit und ein erweitertes Bildungsverständnis erforderlich macht. Hier sind die Wurzeln zu der reformpädagogischen Schulkritik erkennbar, die sich gegen die etablierten Organisationsformen einer institutionalisierten staatlichen Schulerziehung stellte und damit Kritik übte

> *„an der Dominanz des Fachunterricht und den Formen einer*
> *»frontalen«, kleinschrittigen Belehrung, der Einteilung der Schü-*

ler(innen) in Jahrgangsklassen und dem Prinzip der Versetzung,
der Durchsetzung eines generalisierten Berechtigungswesens"
(Kolbe; Reh 2009, S. 670).

Zu gelingenden Gestaltung von Ganztagsschulen sind mit Ludwig
(2008, S. 521) folgende Strukturelemente als zentral anzusehen:

- Flexible Stundenplangestaltung

- Rhythmisierung von Bildungsangeboten über den Tag

- Gemeinsamer Mittagstisch

- Offene Unterrichtsformen

- Individualisierung von Lernangeboten

- Kooperation und Einbindung der Eltern

- Öffnung der Schule zum Gemeinwesen

- Intensivierung des Schullebens und Gestaltung der Schule als Lebensraum

- Freizeitangebote, Arbeitsgemeinschaften und Neigungsgruppen

- Neue Lehrerrolle

- Selbsttätigkeit und Persönlichkeitsentwicklung der Schüler fördern

- Partizipative Formen der Mitbestimmung und Verwaltung von Schule

Tatsächlich sind die von Ludwig angeführten als zentral zu verstehen-
den Strukturelemente für die Konzeption von Ganztagesschulmodellen
unumgänglich und werden an vielen Schulen als defizitär wahrgenommen. Ursächlich dafür sind nicht per se die Lehrkräfte oder die Schulleitungen. Vielmehr sind es die Rahmenbedingungen unter den die Schulen den Reorganisationsprozess von der Halbtagsschule hin zur Ganztagsschule leisten müssen, die es erschweren, das Erforderliche und Gewünschte umzusetzen.

3.4   Entgrenzung von Bildung durch ganztägige Schule

Vor dem Hintergrund einer flächendeckenden Versorgung mit Ganztagsschulen ist die Frage nach geeigneten Formen der Kooperation zwischen Schulen und außerschulischen Bildungsträgern insbesondere der Kinder- und Jugendarbeit sozialer und kirchlicher Träger zu einer zentralen Herausforderung geworden (vgl. Coelen 2006; Schwendemann/ Krauseneck 2001; Schwendemann/Müllensiefen 2001;). Voraussetzung für ein gelingendes Zusammenspiel ist ein einvernehmliches Einvernehmen über Ziele und Aufgaben und deren zu erwartende Synergieeffekte für die beteiligten Institutionen. Thomas Rauschenbach und Hans-Uwe Otto fordern zu Recht in diesem Zusammenhang eine Erweiterung des Bildungsbegriffs durch die Verbindung formeller und informeller Bildungsprozesse (Rauschenbach; Otto 2004) und bei der Gestaltung von Bildungsprozessen anstatt der Institutionenperspektive eine stärkere Subjektorientierung (BMFSFJ 2005, S. 338). Diese Sichtweise stellt die unmittelbaren Adressaten von Bildungsangeboten in den Mittelpunkt – die Kinder und Jugendlichen – und fordert zu einer Diskussion darüber auf, in welchen Bezügen Kinder- und Jugendliche sich bilden. Einer solchen Diskussion folgt unvermeidlich die Erkenntnis, dass neben der Schule andere Bildungsorte elementar für eine gelingende Bildungsbiografie von Kinder- und Jugendlichen sind. Die Familie etwa muss wieder als erste und wesentliche Instanz von Erziehungs-, Sozialisations- und Bildungsprozessen ins Bewusstsein rücken (vgl. Stecher/Zinnecker 2007). Neben der Familie sind vorschulische Einrichtungen, Kindergarten und Kindertagesstätten, Einrichtungen der Jugendhilfe, Soziale Dienste, Kirche und Gemeinde oder die Sportvereine als außerschulische Bildungspartner auszumachen. Sie alle stehen einer durch ihren institutionellen und rechtlichen Charakter dominanten Schule zu Seite. Und alle sind unmittelbar von einem zeitlich erweiterten Bildungs- und Betreuungsangebot durch eine Ganztagsschule unmittelbar betroffen. Zukünftig würde die Ganztagsschule bislang traditionell in der Familie und bei außerschulischen Einrichtungen verortete Angebote wie die Mittags- und Hausaufgabenbetreuung, erlebnispädagogische und sozia-

le und interkulturelle Kompetenzen vermittelnde Angebote stärker in
die staatliche Verantwortung bzw. in die Verantwortung der Regelschule überführen. Diese Verschiebung stellt eine Entgrenzung des Schulischen dar und fordert eine Neuregelung von Zuständigkeiten und Ver-
antwortlichkeiten zwischen der Ganztagsschule, den Familien und den
außerschulischen Bildungsträgern. Das gelingt auf der Basis eines umfassenden Bildungsauftrags, der nicht nur die Förderung der kognitiven
Entwicklung präferiert, sondern unter dem Einfluss epochaler Schlüsselprobleme auch über die Wissensvermittlung hinaus als Garant dafür
steht, den einzelnen Schüler zur Bewältigung alltäglicher Schlüsselprobleme zu befähigen (vgl. Klafki 1994, S. 56; Münzinger/Klafki 1995). Voraussetzung ist weiter ein partnerschaftliches Verständnis, das auf Kooperation und nicht auf Integration außerschulischer Angebote in die Strukturen und Zielsetzung von Schule setzt. Partnerschaft von schulischen und
außerschulischen Bildungsträgern, die im Sinne von Netzwerkpartnerschaften Bildungslandschaften gestaltet sind und in denen sich die Lebenswelt von Kindern und Jugendlichen abbilden lässt. Der Ganztagsschule kommt in einer solchen Netzwerkpartnerschaft eine Schlüsselrolle zu, weil sie jener Bildungsort ist, an dem Kinder und Jugendliche zu
einer verbindlichen Präsenz über den ganzen Tag zukünftig verpflichtet
sind. Die Schlüsselrolle innerhalb der Netzwerkpartnerschaft, die der
Ganztagsschule zuzusprechen ist, begründet sich darüber hinaus über
die Bestandssicherheit und die subventionbasierte Finanzierung, sowie
die Verfügbarkeit personeller Ressourcen über längere Zeit. Außerschulische Bildungsträger sind in ihrem Bestand nicht dauerhaft gesichert,
finanzieren sich entlang kommunaler Haushalte und regionaler und
lokaler indifferent gestalteter Markt- und Wettbewerbsstrukturen.

3.5   Netzwerkpartnerschaft

Netzwerkpartnerschaften, die verschiedene Bildungsorte zu einer Bil-
dungs- und Lernlandschaft zusammenführen, konstituieren sich im Wesentlichen entweder über eine inhaltlich-organisatorische Strategie oder

eine semantisch-normative Strategie (vgl. Rakhkochkine 2008, S. 615).
Während eine inhaltlich-organisatorische Strategie auf die Kombination
unterschiedlicher Lernorte innerhalb eines Bildungsträgers, auf die Koordination verschiedener Lernorte zu einer Einheit und die Kooperation,
also die Zusammenarbeit auf personaler Ebene und unterschiedlichen
Lernorten ausgerichtet ist, folgt die semantisch-normative Strategie dem
Gedanken, Leben und Lernen als eine Einheit anzusehen. Durch biogra-
fische, organisationale, territoriale und gesellschaftliche Faktoren geprägte Lernorte beeinflussen dabei das Lernen, das, wie es Hermann
Rademacker (vgl. Rademacker 2009) ausdrückt, zu einem umfassenden,
allgegenwärtigen und unhintergehbaren Bezugspunkt sozialen Lernens
aufgewertet (vgl. Seiter 2001, S. 234) wird. Beide Strategien lassen sich
unter einer gemeinwesenorientierten Bildungsarbeit (vgl. Klement 1990)
zusammenfassen. Neue Perspektiven lassen sich über eine Öffnung der
Schule hin zur Stadtteilschule, Nachbarschaftsschule und die Umsetzung konzeptionellen Ansätze von Community Education generieren
und zielt darauf, die Schule als Mittelpunkt des Gemeinwesens zu im-
plementieren (vgl. Rosenbusch 2005, S. 77-78).

Damit verbunden sind eine Stärkung des sozialen Raums und die
Aufwertung der lokalen und regionalen Lebenswelt von Kindern und
Jugendlichen. Anders als die Kirche mit ihrer gemeindlichen und ge-
meindepädagogischen Arbeit, die durch eine zunehmende Distanzie-
rung gegenüber der Kirche als Institution und eine fortschreitende Säku-
larisierung der Mitglieder des Gemeinwesens geschwächt ist und demzufolge nicht mehr alle Bevölkerungsgruppen und Personen des Gemeinwesens anzusprechen vermag, hat die Schule den oben genannten
Strategien folgend die Chance, alle Gruppen, Schichten und Altersstufen
mit gezielten Angeboten anzusprechen.

Hier tragen die besonderen Formen der Kooperation, nämlich die
gemeinsame Ausrichtung der Aufgabenerfüllung unter Wahrung der
Selbstständigkeit der Kooperationspartner und deren Freiwilligkeit in
der Zusammenarbeit besonders dazu bei, dass es nicht zu einer Überla-
dung von Schule mit Aufgaben und zu einer Entgrenzung auf Kosten
der außerschulischen Bildungsträger kommt. Insofern ist das Ziel nicht

eine Aufgabenbeschränkung, sondern eine Öffnung von Angeboten und eine organisationale und strukturale Reorganisation von Bildungsträgern wie der Kinder- und Jugendhilfe, der Gemeindepädagogik oder der Familienhilfe auf der einen Seite und eine partizipative Beteiligung außerschulischer Träger in die Entwicklung von ganztägigen Schulkonzepten. Besonders fruchtbar sind kooperative Arrangements zwischen den verschiedenen Bildungsorten dann, wenn gleichzeitig die Koordination als Sonderform der Kooperation gefördert wird und in Stadtteilkonzepten zusammengefasst einen bildungsrelevanten Niederschlag erfährt. Eine solche Koordination basiert auf dem Wunsch, Verfahren und Organisationsabläufe soweit zu optimieren, dass sich tragende und alle Bildungsorte erfassende Strukturen herausbilden, die letztlich zu einer Optimierung von additiven Angebotsstrukturen und Inhalten zugunsten der Zielgruppen und Anspruchsgruppen einer gemeinwesenorientierten ganztägigen Bildung führen. Entscheidend ist dabei aus Sicht der Schule, dass sie sich ihren möglichen Kooperationspartnern öffnet und einer Überhöhung der Schule als „Bildungsort ersten Ranges" durch Partizipation außerschulischer Bildungsträger vorbeugt. Allerdings ist aufgrund des hohen Innovationsdrucks, der auf den Schulen lastet, nicht zwingend davon auszugehen, dass die Ganztagsschule die initiativen Impulse zur Gestaltung von Netzwerkpartnerschaften vorgibt. Vielmehr sind die zukünftigen Partner gefordert, sich hier aktiv und konzeptionell fundiert in einen solchen Gestaltungsprozess einbringen. Dieses Verständnis fehlt bislang auch deshalb, weil wie im vorliegenden Band diskutiert, beide Systeme sich gegenüber dem jeweils anderen als geschlossen und intransparent erweisen. Dabei ist eine Ganztagsschule innerhalb eines Netzwerkes aus verschiedenen Bildungspartnern eine zeitgemäße und zukunftsfähige Antwort darauf, wie Bildung umfassend und adressatenbezogen gestaltet werden und wie über die Ganztagsschule hinaus ein Beitrag zu mehr Bildungsgerechtigkeit gewährleistet werden kann. Notwendig dafür ist jedoch, dass die Schule auf dem Weg zur Ganztagsschule ihre Organisationsform und ihre Strukturen in diesem Sinne zeitgemäß und zukunftsfähig gestaltet.

3.6   Die Chance liegt im ganzen Tag

Die Ganztagsschule knüpft entgegen populären Auffassungen an eine Historie innerhalb der bundesdeutschen Schulgeschichte an und fügt sich mit einer zeitgemäßen Form der Ganztagsschule und in einer programmatischen Rückbindung an die reformpädagogischen Schulmodelle des frühen 20. Jahrhunderts konsequent an frühere Reformbemühungen zur Verbesserung der Schulqualität an. Dieser Tradition folgend, setzt das voraus, dass sich die Schule sich sowohl in ihren organisationalen wie auch in ihren strukturalen Gegebenheiten verändert.

Die Forderung nach flächendeckenden Ganztagsschulangeboten ist dennoch nicht vorbehaltlos zu sehen. Wie die Überlegungen zur Entgrenzungstendenzen von formalen und non-formalen Bildungsangeboten zeigen, sind mit der Umsetzung von Ganztagesangeboten Fragen zur Kooperation und Koordination schulischer und außerschulischer Bildungsangebote noch zu klären, insbesondere die Rolle der Familie innerhalb einer Bildungs- und Lernlandschaft muss gestärkt werden. Das mögliche Argument, dass es gerade der Verlust traditioneller Familienstrukturen sei, weshalb die Schule mehr Zeit für Bildung und Erziehung bekommen müsse, ist nur bedingt haltbar, weil nicht generell gültig.

In einer Stärkung der Familie als Bildungspartner liegt ein wesentliches das Potenzial für eine nachhaltige Verbesserung von Bildungschancen für die Kinder und Jugendlichen. Es kann nur dann ausgeschöpft werden, wenn Synergien schulischer, familiärer und außerschulischer Bildungsorte erkannt und bewusst herbeigeführt werden und wenn die Schule als Initiativkraft eines solchen Netzwerkes mit geeigneten Strukturen und Gestaltungsformen die Grundlagen dafür schafft. Die zeitgemäße und zukunftsfähige Ganztagsschule erweist sich als ein Konstrukt von Bildungs- und Erziehungsangeboten, die rhythmisiert über den ganzen Tag verteilt werden und auf den lokalen Bildungsraum ausgerichtet sind. Wenn man diesem Verständnis folgt, dann lässt sich nicht ein Modell von Ganztagsschule präferieren, da es weder den standardisierten Bildungsraum noch die standardisierten Zielgruppen geben kann. Bildungsangebote müssen also einen individuellen, auf den jeweiligen Sozialraum und die lokalen Kooperationspartner abgestimmten Charakter haben. Der Sozialraum wird in diesem Verständnis zugleich zum Bildungsraum und damit zu einem gemeinsamen Handlungsfeld von Schule, Familie und Kinder- und Jugendhilfe.

4 Jugendhilfe – theoretische und fachspezifische Grundlegungen im Bezug auf die Ganztagsschule

In Deutschland gibt es zwei Bildungs- und Erziehungssysteme, die heute organisatorisch weitgehend getrennt sind, sich aber erst seit Anfang der zwanziger Jahre separat entwickelt haben. Das Verhältnis der beiden Systeme ist vielleicht auch daher nicht unproblematisch: Schule nimmt spätestens seit den siebziger Jahren des vergangenen Jahrhunderts die Sozialpädagogik als „Reparaturbetrieb" in Dienst und etabliert sie an der Schule, um störende oder unliebsame Schüler abgeben zu können (vgl. Mack 2009, S. 296). Dieser Entwicklung voraus ging allerdings eine nach der 68er-Bewegung veränderte Schulpädagogik, die das autoritäre System der Schule nach und nach aufbrach.

4.1 Jugendhilfe und Schule

In den letzten beiden Jahrzehnten des 20. Jahrhunderts wurde die Kooperation pragmatischer, etablierte sich beispielsweise die Schulsozialarbeit als Handlungsfeld der Jugendhilfe an der Schule. Jedoch wurde es versäumt, sukzessive institutionalisierte Kooperationsformen zu schaffen. Erst die Bildungsdiskussion nach den Ergebnissen der PISA-Studien eröffnete neue Perspektiven für die intensivere Kooperation der beiden Systeme auf institutioneller Ebene, insbesondere nach Einführung von Ganztagsschulen. Dennoch arbeiten die beiden pädagogischen Systeme auf der Grundlage unterschiedlicher fachlicher Standards und weisen zum Teil erhebliche strukturelle Unterschiede auf:

Während das System Schule einen hohen Institutionalisierungsgrad hat und trotz der Zunahme von Schulen in Freier Trägerschaft, klare Zuständigkeitsstrukturen und Hierarchien ausbildet, zeichnet sich die Jugendhilfe durch weitgehende Heterogenität hinsichtlich der Träger und der Finanzierung aus. Die Schule ist im Bereich des Bildungswesens der Länder verortet, Jugendhilfe dagegen ist kommunal und ist der Sozialen Arbeit zugeordnet. Die Schule als Institution formaler Bildung ist ein staatliches Pflicht- bzw. Zwangssystem. Es gibt Lernzeit und Lernort vor und basiert auf der Annahme altersgleicher Interessen und homomgener Lernausgangslagen. Schülerarbeiten unterliegen einer standardisierten Bewertung. Schülerinnen und Schüler erleben sich in einem ständigen Selektionsverfahren, das einerseits in der Trennung nach Schularten und andererseits in der Beurteilung der Versetzung oder Nicht-Versetzung begründet ist. (vgl. Delmas; Lindner 2005, S. 2). Dies ist ein Umstand, der der Jugendhilfe fremd ist, da sie ihr Angebot ausdrücklich nicht an bestimmte Leistungserwartungen knüpft und die nicht segregieren sondern integrieren will. Der Zugang zu ihren Leistungen und Angeboten ist freiwillig, die Inhalte werden auch von den Adressaten, den Kindern, Jugendlichen und ihren Familien mitbestimmt (Abb. 1). Jugendarbeit gibt ihrer Zielgruppe keine Lernziele vor, selektiert nicht, sondern orientiert sich an den Interessen und Lebenswelten der Adressaten, wobei Delmas und Lindner konstatieren dazu: *„In der Schule lernen Kinder und Jugendliche weil sie es sollen. In der Kinder- und Jugendarbeit lernen sie, weil sie es wollen."* (Delmas; Lindner 2005, S. 3).

Prinzip	Schule	Jugendhilfe
Arbeitszeit	relativ starr	sehr flexibel
Beteiligungsstruktur	schwach ausgeprägt	stark ausgeprägt
Bildungsfunktion	stark ausgeprägt	schwach ausgeprägt
Erziehungsfunktion	schwach ausgeprägt	stark ausgeprägt
Freiwilligkeit	keine (Schulpflicht)	stark ausgeprägt
Individualitätsorientierung	schwach ausgeprägt	stark ausgeprägt
Leistungsüberprüfung	stark ausgeprägt	fehlt
Organisation	zentral	dezentral
Selektionsfunktion	stark ausgeprägt	fehlt

Abbildung 1:   *Ausgewählte Strukturprinzipien von Jugendhilfe und Schule*
                     Quelle: in Anlehnung an Krüger 2009.

Aber: Jugendhilfe und stärker noch Schule sind in Bewegung. Während die Jugendhilfe die Bildung (wieder-)entdeckt und die Auswirkungen gesellschaftlicher Entwicklungen bei den Adressaten abzumildern versucht, stellt sich die Schule den Anforderungen der Individualisierung und zunehmender Leistungsorientierung. Zudem soll sie sich vom reinen Lernort zum Lebensort wandeln (vgl. Knauer 2010, S. 35). Raingard Knauer geht davon aus, dass sich die Jugendhilfe wegen der praktizierten Kooperationsmodelle als „kleinerer Partner funktionalisiert" und erheblich verändern wird. In diesem Zusammenhang kann zukünftige auch die Zuordnung der Kindertageseinrichtungen zur Jugendhilfe zur Disposition stehen (vgl. Knauer 2010, S. 36).

Beide Systeme stellen wichtige Sozialisationsinstanzen dar, deren Aufgabe es ist, Kinder zu vollwertigen Mitgliedern der Gesellschaft zu machen und beide Systeme haben Bildung und Erziehung als Aufgabe, stehen dem gleichen Personenkreis zur Verfügung und haben das gleiche (klein)räumliche Bezugssystem. Zudem wird Planung (Schulentwicklungs- und Jugendhilfeplanung) in beiden Systemen als konstitutiv für die Weiterentwicklung des jeweiligen Systems betrachtet.

4.2   Kooperation von Jugendhilfe und Schule

An dieser Stelle wird nicht näher auf das meistens über Einrichtungen der Jugendhilfe organisierte Hortangebot, welches ein Bestandteil ganztägiger Bildung und Betreuung ist und vor allem für Schüler/innen des Primarbereichs eine zahlenmäßig bedeutsame Bildungs- und Betreuungsvariante darstellt, eingegangen.

Vielen Beiträgen zum Thema Kooperation zwischen Jugendhilfe und Schule ist zu entnehmen, dass sich die Diskussion in den vergangenen Jahren auch deshalb verdichtet hat, weil die Ganztagsschule in der (fach-)öffentlichen Diskussion seit dem Investitionsprogramm der rot-grünen Bundesregierung eine Hauptrolle spielt.

Obwohl Jugendhilfe und Schule gemeinsam Verantwortung für die Erziehung und Bildung der nachwachsenden Generation tragen, gibt es bis heute kaum Verbindungen auf Systemebene. Dabei ist die Gemeinsamkeit der Verantwortung, so der Kommunalverband für Jugend und Soziales Baden-Württemberg (KVJS) in seinem Bericht zur Kinder- und Jugendhilfe im demokratischen Wandel 2010 eine *„zentrale Entwicklungsaufgabe zur Zusammenarbeit beider Systeme gerade in Zeiten des demografischen Wandels"*(KVJS 2010, S. 87).

Abbildung 2:   *Zusammenarbeit von Jugendhilfe und Schule*
                 Quelle: in Anlehnung an Krüger; Stange 2009.

Die Notwendigkeit der Kooperation ergibt sich aus den Anforderungen
an den Erziehungs- und Bildungsauftrag der Schule: Die Entwicklungs-

chancen und -möglichkeiten für Kinder und Jugendliche in der Schule sollen, so die Stellungnahme des deutschen Vereins für öffentliche und private Fürsorge, durch sozialpädagogische Kompetenzen erweitert werden. Zudem gehe es darum, Defizite der familiären Erziehung und soziale Benachteiligungen angemessener bearbeiten zu können. Im Bericht wird zudem erwähnt, dass die Kinder- und Jugendhilfe in der Schule junge Menschen frühzeitig erreichen kann und so ihren präventiven und integrativen Aufgaben zielgenauer nachkommen könne. Auch die politisch motivierten „Synergieeffekte" durch eine optimale Nutzung und Vernetzung vorhandener personeller, räumlicher und finanzieller Ressourcen der Erziehungs- und Bildungseinrichtungen mit gleicher Zielgruppe und innerhalb der gleichen sozialräumlichen Strukturen.

Aus Sicht von Hermann Rademacker ist die Jugendhilfe in der Zusammenarbeit mit der Schule in zweierlei Hinsicht gefordert: Zum einen soll sie sich mit dem Ziel der Benachteiligungs-Überwindung auf jenen Ebenen einmischen, wo Einmischung sinnvoll ist. Zum anderen soll sie als Institution das Bildungsangebot der Schule *„durch Zusammenarbeit mit dem Ziel eines Gesamtkonzepts von Bildung, Erziehung und Betreuung"* (Rademacker 2009, S. 376) ergänzen. An dieser Stelle plädiert Rademacker auch dafür, dass sich die Jugendhilfe sich nicht in ihren Kompetenzen beschneiden lässt. In der Folge würde sie zu einem Reparaturbetrieb für Kollateralschäden reduziert und zu einem Helfer eines durch seine Struktur wie auch durch neue Marktmechanismen im Ergebnis nach sozialer Herkunft auslesenden Schulwesens mutieren (vgl. Rademacker 2009 S. 376).

Werner Lindner folgt hier Hans-Uwe Otto, wenn er feststellt, dass bei der Kooperationsfrage die Schule im Mittelpunkt des Interesses stünde und nicht die Jugendhilfe. Zwar befände sich die Jugendhilfe auf dem richtigen Weg, doch würde sie gesellschaftspolitisch marginalisiert. Die Jugendhilfe wird innerhalb dieser Kooperation an den Rand gestellt, wobei sie sich dort ganz wohl zu fühlen scheint. In der Folge sehe die Jugendhilfe den Entwicklungen von Ganztagsschule passiv zu, in der

Hoffnung, dass sie um Mitarbeit gebeten wird. Was so, den Otto und Lindner folgend, nicht eintreten wird. (vgl. Lindern 2005, S. 6).

Das gegenseitige Verständnis ist, Anke Spies und Gerd Stecklina zu Folge, schon im Jahr 2005 *„eng an die Frage des Verständnisses von Ganztagsschule, bzw. Schule mit Ganztags(betreuungs-)angeboten gebunden."* (Spies; Stecklina 2005, S. 10)

Der Jugendarbeit erschließen sich Aktions- und Kooperationsmöglichkeiten, die ihr einen breiten strukturellen Zugang zu potentiellen Adressaten ihrer originären Angebote und Aktivitäten eröffnen. Dadurch erhöht sich die Chance, einen zunehmenden Anteil für eine Nutzung der vielfältigen Angebote der Kinder- und Jugendarbeit zu gewinnen. Die Kooperationen bringe, so der Kommunalverband für Jugend und Soziales Baden-Württemberg (KVJS) im Ergebnis drei Gewinner hervor:

> *„Das System Schule als ein durch die Angebote der Kinder- und Jugendarbeit bereicherter und unterstützter Ort des Lernens, die Kinder- und Jugendarbeit als fördernder Akteur für junge Menschen im Kontext von Schule und zugleich auch „auf Akquise",
> und die jungen Menschen als Schüler an attraktiveren Lernorten und mit verbesserten Zugangsmöglichkeiten zu den vielseitigen Angeboten der Kinder- und Jugendarbeit"* (KVJS 2010, S. 78)

Andererseits warnt der KVJS aber auch davor, die Jugendarbeit als Handlungsfeld der Jugendhilfe nicht zum Juniorpartner der Schule mutieren zu lassen oder gar in schulorientierten Kooperationen aufgehen zu lassen (vgl. KVJS 2010, S. 79).

Erschwert wird die Kooperation durch die unterschiedliche Machtkonstellation der beiden Systeme. Knauer zustimmend, hat die Schule aufgrund ihres institutionalisierten und verpflichtenden Status und ihrer Allokationsfunktion, sie ist legitimiert formale Bildungsabschlüsse zu vergeben, eine wesentlich größere Bedeutung in der öffentlichen Wahrnehmung als die Jugendhilfe (vgl. Kauer 2010, S. 36). Ein Umstand, der im Übrigen auch bei einem der geführten Interviews deutlich wurde. Die Schulleiterin einer Ganztagsgrundschule äußerte sich derart:

> *„Die Schule hat dann eher diese Kontrollfunktion und dann wer-*
> *den ihr auch mehr Entscheidungen zugetraut. Also, der Sozialar-*
> *beiter kann lang was sagen. Aber wenn die Schule dann sagt, das*
> *Kind, was weiß ich, kommt jetzt aus der Familie raus, was ja im-*
> *mer die Fantasie ist, dann wird es sehr viel mehr höher angesie-*
> *delt wie wenn das jetzt die Sozialarbeit sagt. Die kann das erst*
> *mal sagen, das ist jetzt nicht so wichtig."* (I-5, Z. 122-128).

Als Eckpunkte, zwischen denen sich Schule und Jugendhilfe bei der Zusammenarbeit bewegen, nennt Knauer die gemeinsamen Aufgaben Bildung und Erziehung und die arbeitsteiligen Aufgaben Erziehung und Unterricht. Die Betreuungsaufgabe ist zwar ein Motor für die Entwicklung von Kooperationsangeboten und Aufgabe beider Einrichtungen, doch sei sie fachlich eher uninteressant und stelle eher Anforderungen an die zeitliche Organisation (vgl. Knauer 2010, S. 36).

Durchaus treffend charakterisiert Andreas Wiere die Gesamtheit der Berührungspunkte der beiden Institutionen: *„Das Gemeinsame an Schule und Jugendhilfe und derjenigen, die daran beteiligt sind, ist ihre Verschiedenheit."* (Wiere 2007, S. 82). Er führt aber nicht nur die Unterschiede zwischen den Institutionen aus, sondern benennt auch die Unterschiede innerhalb der beiden Systeme, die Kooperation zumindest eine Herausforderung werden lassen. Bemerkenswert ist, dass beispielsweise der Ganztagsschulverband eine Ganztagsschule erst dann verwirklicht sieht, wenn die Organisation aller Angebote unter Aufsicht und Verantwortung der Schule steht. Das legt zumindest die Vermutung nahe, dass die Kooperation mit der Jugendhilfe aus Sicht des Verbandes nicht partnerschaftlich erfolgen soll:

> *„Die Kooperation von Schule und Jugendhilfe ist hierdurch ab-*
> *hängig von der Bereitschaft des jeweiligen Schulträgers sowie den*
> *Schulvertretern, sich gegenüber sozialarbeiterischen Institutionen*

*und deren methodischen Zugängen zu öffnen und diese als Part-
ner zu akzeptieren"* (Spies; Stecklina 2005, S. 13)

Dabei, so den Autoren folgend, ist eines der zentralen qualitativen Ent-
wicklungspotentiale von Ganztagsschule in der Partnerschaft von Schule
und Jugendhilfe auf gleicher Augenhöhe zu sehen (vgl. Spies/Stecklina
2005, S. 13).

Die Einführung von Ganztagsschulen stellte und stellt noch immer
eine gute Möglichkeit dar, die Zusammenarbeit von Jugendhilfe und
Schule auszubauen und sie als wichtigen Bildungsort stärker als bisher
zu nutzen. Die Kooperation auf Augenhöhe zwischen den Beteiligten ist
dabei so zentral wie die bildungstheoretische Aufwertung der organisierten, aber freiwillig nutzbaren Angebote non-formaler Bildung und
des lebenslangen und lebensweltlich orientierten, informellen Lernens.
Als Kooperationsziele werden von Wolfgang Mack genannt (vgl. Mack
2007, S. 15):

- Kinder und Jugendlichen soll Bildung in einem umfassenden Sinn
  ermöglicht werden,
- Schulschwierigkeiten sollen vermieden und herkunftsbedingte Benachteiligungen entgegengewirkt werden und
- den Familien soll eine verlässliche Betreuung der Kinder garantiert
  werden.

Die Kultusministerkonferenz (KMK) und die Arbeitsgemeinschaft für
Jugendhilfe (AGJ) haben darüber hinaus acht Aufgabenbereiche der Zusammenarbeit beschrieben (vgl. Krüger/Stange 2009, S. 14):

- Tageseinrichtungen für Kinder und Schule
- Freizeit und interessengebundene Angebote (schulbezogene Ange-
  bote der Jugendarbeit)
- Übergang von Schule in Ausbildung
- Erzieherischer Kinder- und Jugendschutz
- Kinder und Jugendliche in besonderen Problemlagen

- Schulsozialarbeit und schulbezogene Angebote der Kinder- und Jugendhilfe
- Erzieherische Hilfen
- Erziehungs-, Jugend- und Familienberatung

Die Kooperationsformen sind in ihrer Gestaltung und Qualität stark von örtlichen Gegebenheiten abhängig, da die Zuständigkeiten bei kreisfreien Städten anders liegen als beim Kreis oder kreisangehörigen Kommunen. So kann die Kooperation schon durch die Nennung verbindlicher Ansprechpartner entstehen, durch die Teilnahme an regionalen Arbeitskreisen oder Arbeitsgemeinschaften, durch sozialraumbezogene Kooperationsformen (Stadtteilkonferenzen), durch gegenseitige Beteiligung an Dienstbesprechungen und themenbezogenen Arbeitskreisen, durch gemeinsame Besprechungen, durch eine Beteiligung der Schulen an der Jugendhilfe- bzw. Schulentwicklungsplanung und am Jugendhilfeausschuss oder durch die gegenseitige Öffnung von Fortbildungsangeboten und die Durchführung gemeinsamer Fortbildungsveranstaltungen (vgl. Krüger; Stange 2009, S. 20ff).

Die Jugendhilfe verfolgt den Anspruch ein gleichberechtigter Partner für die Schule zu sein, hat Interesse an einer Vertretung in Schulgremien und an der Weiterentwicklung pädagogischer Konzepte. Insgesamt spielt, so die Expertise der Arbeitsgemeinschaft für Kinder- und Jugendhilfe (AGJ), die Zusammenarbeit für sie eine größere Rolle als für andere schulische Kooperationspartner. Für die im Ergebnis zwar kritische aber unter dem Strich positive Bewertung der Kooperationsbeziehungen durch die Jugendhilfe ist daher in erster Linie eine gleichberechtigte Wahrnehmung der Jugendhilfe durch die Schule und eine zielgruppenspezifische Ausrichtung ausschlaggebend (vgl. AGJ 2008, S. 75).

4.3   Jugendarbeit und Ganztagsschule

Die Jugendhilfe ist einer der wichtigsten Kooperationspartner der Ganztagsschulen und deckt mit ihrem Angebot darüber hinaus ein breites Leistungsspektrum ab. Dabei ist sie aus Sicht der Arbeitsgemeinschaft für Kinder- und Jugendhilfe für die Ganztagsschulleitungen allerdings nicht der Hauptkooperationspartner. Dies jedenfalls schließt sie aus den Ergebnissen der Studie zur Entwicklung von Ganztagsschulen. (vgl. AGJ 2008, s. 12).

Dieser Befund gründet allerdings auch darauf, dass viele der befragten schulischen Vertreter unter Jugendhilfe ausschließlich Jugendarbeit zu verstehen scheinen. Sie ist im Sozialraum der Schule zumeist direkter Ansprechpartner im Hinblick auf die gemeinsame Zielgruppe. Addiert man die verschiedenen Angebote der Jugendhilfe, so ergibt sich zahlenmäßig ein anderes Bild (vgl. AGJ 2008, s. 6ff2).

Die Studie legt zudem nahe, dass die Jugendarbeit formal und organisatorisch in die Entwicklung der Ganztagsschulen nur selten eingebunden ist und auch selten eine Koordinationsrolle übernimmt. Dort wo die Jugendhilfe Kooperationspartner ist, scheint zudem aber die Öffnung der Schule in den Sozialraum besser zu gelingen (vgl. AGJ 2008, s. 62ff). Diese Öffnung kann darin bestehen, verstärkt außerschulische Lernorte aufzusuchen und außerschulische Experten bei Problemlagen einzubeziehen. Sie kann aber auch darin bestehen, das Schulgebäude außerschulischen Veranstaltern außerhalb der Unterrichtszeit zu überlassen.

Die zeitliche Ausweitung von Schule in die Nachmittage bedeutet, dass die Zeitbudgets der Adressaten stärker durch die Schule bestimmt werden. Dadurch werden die außerschulischen Gestaltungsspielräume enger und der Charakter der Angebote der offenen Kinder- und Jugendarbeit, verändert sich teilweise, indem sie sich aus den weitgehend selbstbestimmten Orten der Kinder- und Jugendarbeit in das System Schule mit seinen institutionellen Regularien verlagern. So wird das Prinzip der Freiwilligkeit in der Jugendarbeit aufgelöst durch das Prinzip der grundsätzlichen Verpflichtung zur Anwesenheit in der Ganztagsschule.

Damit laufe die Kinder- und Jugendarbeit jedoch Gefahr, so der KVJS in seinem Bericht, in der Zusammenarbeit

„das Originäre ihres sozialpädagogischen Auftrags zu verlieren,
wie es aus dem Blickwinkel der jungen Menschen gerade wegen
der Ausweitung des Einflusses von Schule auf ihr Alltagsleben
umso dringlicher wird, auch und trotz der erweiterten Angebote
innerhalb der Schule über außerschulische Refugien von Entwick-
lungsautonomie zu verfügen, die ihnen Orte und Gelegenheiten
zu selbstbestimmter Begegnung und Gestaltung an ihren Wohn-
orten sichern." (KVJS 2010 S. 79)

Einzelne Ergebnisse der StEG-Studie widersprechen dieser Befürchtung: Weder gingen die Nutzerzahlen zurück, noch wurden Angebote eingeschränkt. Stattdessen erreichten die befragten Organisationen eher mehr Kinder und signifikant andere Zielgruppen (vgl. AGJ 2008, S. 66ff). Dieser Befund der Studie kann durch eigene Erfahrungen gestützt werden: Auch an meinem Arbeitsort stieg durch die Kooperation die Zahl der Kinder und Jugendlichen, die über die Angebote an der Schule das Angebot der offenen Schulkind- und Jugendarbeit kennen lernten und in Anspruch nehmen.

Schule muss, so Burkhard Müller, mit der Entwicklung der Schule zur Ganztagsschule, der selbstbestimmten „minimalen" Nutzung der Schule mehr Beachtung schenken und sie als Lernfeld betrachten – nicht mehr nur als Kontrollproblem. Für ihn ist nicht die Frage, ob Schule überhaupt Jugendarbeit bewältigen muss, für ihn ist die Frage, ob Schule zukünftig schlechte oder gute Jugendarbeit macht. Er plädiert für die Charakterisierung der Jugendarbeit als „Gelände mit Bildungschancen"", als einen Ort, in dem man mit Meinungen und Verhaltensweisen experimentieren kann (vgl. Müller; Burckhard 2007, S. 114ff).

4.4   Bildung im Handlungsfeld von Jugendhilfe und Schule

Jugendarbeit und Ganztagsschule sind Orte der Jugendkultur und Bildungsorte zugleich. Aber nicht alles, was Jugendarbeit macht und anbietet ist auch Bildung.

Knauer folgend, ist Bildung zu verstehen als etwas, was nicht von außen hergestellt werden kann *„sondern immer die Aktivität des Einzelnen und kann auch nur durch den Einzelnen selbst erfolgen."* (Knauer 2010, S. 38). Bildung ist folglich als ein lebenslanger Selbstbildungsprozess zu verstehen und geht über das, was in der Schule geschieht hinaus und der Akzent von Bildungs- und Erziehungsprozessen liegt in der Bildung der einzelnen Person. Einer solchen Akzentuierung folgt, dass der zu bildende Mensch nicht als Objekt sondern als Subjekt des Bildungsgeschehens angesprochen ist. Wilfried Härle folgert daraus für ein Bildungsverständnis, dass Bildung so lange menschengemäß ist, als sie offen ist für das Ziel der Selbstbildung ist, in der *„ein Mensch sich zu seiner Bestimmung hin formen lässt"* (Härle 2004, S. 74).

Zum christlichen Verständnis des Menschen gehört seine Bildungsfähigkeit und Bildung ist als Teil eines menschlichen Entwicklungsprozesses zu verstehen. Mit Härle ist deshalb festzuhalten, dass Bildungsangebote als die Vermittlung eines Orientierungswissen zu verstehen sind, durch das die SchülerInnen zu einer eigenständigen und eigenverantwortlichen Lebensführung befähigt werden (vgl. Härle 2004, S. 74). Die zentrale Bestimmung des Menschen liegt also in seiner **Freiheit**. Zur Freiheit ist der Mensch kraft seines Verstandes, seiner Vernunft und seiner Begabungen bestimmt. Die Freiheit ist als eine von Gott gegebene Freiheit zu verstehen und als Gnadengabe und damit auf die Abhängigkeit des Menschen von Gott verweisend zu verstehen. Würde der Mensch herausgelöst aus seiner Beziehung zu Gott gesehen werden, fehlt ihm jene Instanz auf die in seinem Handeln Bezug nehmen und dessen Verantwortlichkeit prüfen könnte. Nach Manfred Pirner gehört die Freiheit des Menschen zu seiner theologisch-anthropologischen Bestimmung und ist ein zentrales Ziel neuzeitlicher Pädagogik (vgl. Pirner 2008, S. 93).

Die optimale Entfaltung dieser Bestimmung ist wesentliche Voraussetzung für eine gelingende gesellschaftliche Teilhabe, ist Voraussetzung für den Zugang zu gesellschaftlichen und beruflichen Positionen und ist mit Hermann Rademacker eine unabdingbare Voraussetzung für den Zugang zum Beschäftigungssystem. Dabei bestimmt der Bildungsgrad den sozialen und beruflichen Status und ist somit wesentlich für die soziale Integration und gesellschaftliche Teilhabe und stellt aktuell die wichtigste Ressource zur Lebensbewaltung dar (vgl. Rademacker 2009, S. 364-366).

Der Bildungsbericht 2010 nennt drei Zieldimensionen von Bildung: Die Entwicklung individueller Regulationsfähigkeit, die Sicherung der Humanressourcen einer Gesellschaft und die Förderung von gesellschaftlicher Teilhabe und Chancengleichheit.

Gesellschaftliche Investitionen in Bildung sind dabei von der Erwartung getragen, die Sicherung des qualifizierten Arbeitskräftebedarfs gewährleistet zu wissen und somit auch den technischen Fortschritt und das Wachstum der Volkswirtschaft garantieren zu können. Zum anderen sind mit gesellschaftlichen Investitionen in Bildung auch soziale Wirkungen verbunden, etwa die Stärkung des gesellschaftlichen Zusammenhalts, ein höheres zivilgesellschaftliches Engagement, ein besserer Gesundheitszustand der Bevölkerung oder eine bessere Vorsorge für Kinder (vgl. Rademacker 2009, S. 366).

Hans Thiersch benennt in seinem Aufsatz zur Bildung und Sozialpädagogik Bildung als *„Selbstbildung in der Auseinandersetzung mit Welt, so wie sie sich in den unterschiedlichen Lebens- und Lernfeldern präsentiert"* (Thiersch 2009, S. 27). Die Schule organisiere, Thiersch folgend, die formalisierte Bildung, die Sozialpädagogik die nicht formalisierte Bildung, wobei die Jugendhilfe als Handlungsfeld der Sozialpädagogik charakterisiert wird.

Der Mensch findet, so Thiersch, im Durchgang von informeller, formalisierter und nicht formalisierter Bildungserfahrungen sein Profil. Sozialpädagogik ist demnach der *„schulischen Bildung parallel geordnet als eigengewichtiger, spezifischer Beitrag zur Selbstbildung in der Aneignung von Wirklichkeit"* (Thiersch 2009, S. 27). Er zeigt auf, dass sich die Arbeitskonzepte und Zuständigkeiten aus Jugendhilfe und Schule regelrecht auflösen und kommt zum Schluss, dass, sofern es

„bewusste Anstrengungen zur Koordination und Planung und ein der Komplexität von Bildung komplementäres Konzept des

Sozialraums zur Kooperation und Koordination von Bildungszu-
gängen in der Region" (Thiersch 2009, S. 36)

braucht. Bildung in der Jugendhilfe ist mit Johannes Münder, Thomas
Meysen, Thomas Trenczek als ein Prozess der Entwicklung und Aneignung von Fähigkeiten zu verstehen, die es dem Jugendlichen ermöglicht
zu lernen, seine Begabungen und individuellen Potenziale zu entwickeln, Probleme zu lösen und soziale Kompetenz zu erwerben (vgl.
Mündner; Meysen; Trenczek 2009, S. 55). Demnach findet Bildung in der
Jugendhilfe und ihren Handlungsfeldern überall da statt, wo sich Menschen begegnen, wo sie in Gruppen vermittelt zu Erfahrungen angeregt,
wo ihre Fähigkeiten herausgebildet und Beziehungen gestaltet werden,
so der zwölfte Kinder- und Jugendbericht:

> *"Bildung im Kindes- und Jugendalter kann in ihren heutigen*
> *Formen nur angemessen erfasst werden, wenn die Vielfalt der*
> *Bildungsorte und Lernwelten, deren Zusammenspiel, deren wech-*
> *selseitige Interferenz und Interdependenz, aber auch deren wech-*
> *selseitige Abschottungen wahrgenommen werden. Dabei ist neben*
> *dem öffentlichen Bildungsort Schule – und der Familie mit ihren*
> *lebensweltgebundenen Formen der Bildung im Rahmen der all-*
> *täglichen Lebensführung – die Kinder- und Jugendhilfe in der Ge-*
> *schichte der Bundesrepublik zu einem weiteren öffentlichen Ak-*
> *teur, zu einer Art zielgruppenspezifischem Generalakteur und*
> *Leistungsanbieter im Prozess des Aufwachsens von Kindern und*
> *Jugendlichen geworden."* (BMFSFJ 2005, S. 81)

Allerdings, darauf weist Maria Bitzan hin, bleibt die Schule der Bezugspunkt jeglicher Bildungsüberlegungen, Jugendarbeit werde primär unter
dem Aspekt deren der Bildung, und besonders der schulisch integrierba-
ren, in den Blick genommen (vgl. Bitzan 2009, S. 492). In dem Moment,
da sich die Jugendarbeit über den Bildungsbegriff definiert, gibt die
Schule den Bezugsrahmen vor, die Jugendarbeit wird quasi als „Nicht-

Schule definiert (außerschulische, nebenschulische Bildung)" (vgl. Bitzan 2009, S. 492).

Folglich ist Bildung auch Aufgabe der Kinder- und Jugendhilfe und kann nicht allein auf Schule reduziert werden:

> *„Weder das System Schule noch die Kinder- und Jugendhilfe je für sich in der Lage sein werden, den zunehmend anspruchsvollen Auftrag einer umfassenden Bildung der jungen Menschen allein zu bewältigen, sondern dass nur in einer gemeinsam getragenen Verantwortung und einer kooperativen Gestaltung umfassender Bildungsprozesse Fundamente geschaffen werden können, die Kinder und Jugendliche befähigen, sich selbst und darüber auch der Gesellschaft tragfähige Zukunftsperspektiven zu erschließen."*(KVJS 2010, S. 78)

Im Sinne dieser Prämisse wird das Einbringen der Kompetenzen und anteiliger Ressourcen der Kinder- und Jugendarbeit in die Schulen dem Grunde nach als eine richtige Entwicklungsperspektive erachtet.

Der Bildungsbericht 2010 stellt fest, dass Bildungssysteme den grundsätzlichen Auftrag wahrnehmen, „Kindern, Jugendlichen und Erwachsenen Wissen, Kompetenzen, Wertorientierungen und Normen zu vermitteln."

Dabei fordert er auch eine Veränderung des Bildungssystems im Hinblick auf die Zielgruppe, die Lernangebote und die Lernprozesse:

> *„Insbesondere die in den Zertifikaten und Noten bescheinigten Kompetenzen beeinflussen nachhaltig die Positionierung der Individuen im weiteren Lebens- und Berufsverlauf und entscheiden mit über das Maß erfolgreicher Integration in und Teilhabe an der Gesellschaft. Deshalb stellt die Aufgabe, Lernangebote und -prozesse so zu strukturieren, dass alle Individuen unabhängig von sozialer Herkunft, Geschlecht und ethnischer Zugehörigkeit größtmöglichen Nutzen daraus ziehen können, eine zentrale Her-*

ausforderung an das Bildungssystem dar." (Bildungsbericht 2010, S. 193).

4.5 Exkurs: Ganztagsbildung

Ganztägige Bildung kann als Verzahnung von Lernorten verstanden werden, aber auch als Gestaltung von Bildungsprozessen in der Schule. Sie ist additiv-dual geprägt, da die Schule mit außerschulischen Partnern im Sozialraum oder an der Schule gemeinsam agiert. Dabei handelt jeder Bereich eigenverantwortlich und kann in der einen Variante die Schule indirekt unterstützen oder aber völlig unabhängig von der Schule umgesetzt werden (vgl. Prüß 2009, S. 33).

Den Begriff geprägt hat Thomas Coelen, der darunter Institutionalisierungsformen versteht, die

> *„formelle und nichtformelle Bildung durch die komplementären Kernelemente ‚Unterricht' und ‚Jugendarbeit' unter Beibehaltung ihrer jeweiligen institutionellen Eigenheiten zu einem integrierten Ganzen gestalten."* (Coelen 2005, S. 1)

Ursprünglich ist die Wortschöpfung „Ganztagsbildung" ein mit „halbironischer Absicht zusammengefügtes Schlagwort" (Coelen 2005) und sollte verdeutlichen, dass Schule und Jugendhilfe vielfältige Lernkonstellationen und sozialräumlich vernetzte Bildungsangebote bereitstellen, die je nach Bedarf und Neigung von den Adressaten genutzt werden können. In dem Begriff finden formelle und informelle Bildungsprozesse ihre gleichwertige Berücksichtigung. Sowohl die Bedeutsamkeit informeller Lerninhalte in ihrer Komplentariät mit formellen Lerninhalten, als auch in ihrer Transferierbarkeit auf eine Vielzahl von Handlungskontexten der sozialen Umwelt, werden hervorgehoben (vgl. Soremski et al. 2010, S. II).

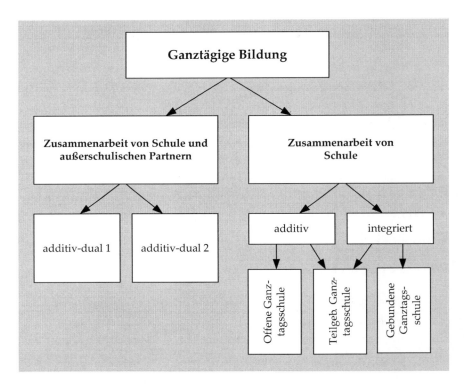

Abbildung 3:   *Formen ganztägiger Bildung*
                        Quelle: in Anlehnung an Prüß 2009.

Erziehung und Betreuung

Beide, Schule und Jugendhilfe, haben einen jeweils eigenen Erziehungsauftrag: Die Jugendhilfe leitet ihn aus dem achten Sozialgesetzbuch (SGB
VIII) ab. Darin wird jungen Menschen das Recht auf Förderung ihrer
„Entwicklung und auf Erziehung zu einer eigenverantwortlichen und
gemeinschaftsfähigen Persönlichkeit" eingeräumt. Jugendhilfe agiert
dementsprechend also vor allem dort, wo das Recht des Kindes bedroht
wird oder das Wohl des Kindes gefährdet scheint. Die Jugendhilfe hat

sich im Verlauf des vergangenen Jahrhunderts von einem „eingriffsorientierten System zu einem zunehmend auf Prävention bedachten dienstleistungsorientierten System" entwickelt.

Der schulische Erziehungsauftrag gründet sich auf das Schulgesetz, weshalb beispielsweise in Baden-Württemberg die Schüler „in Verantwortung vor Gott, im Geiste christlicher Nächstenliebe, zur Menschlichkeit und Friedensliebe, in der Liebe zu Volk und Heimat, zur Achtung der Würde und der Überzeugung anderer, zu Leistungswillen und Eigenverantwortung sowie zu sozialer Bewährung" erzogen werden sollen.

Erziehung ist eine Erwachsenenaktivität und meint die Initiierung von Lernprozessen als Antwort auf die Tatsache, dass Kinder und Jugendliche auf den Kompetenzerwerb angewiesen sind. Sie ist die *„Summe der Reaktionen der Gesellschaft auf die Entwicklungstatsache"* (Knauer 2009, S. 41). Erziehung wird erst wirksam, wenn dadurch beim Adressaten Lernen in Gang wird, sich also Bildung (als Tätigkeit der Kinder) vollzieht. Erziehung kann als mit Macht unterstützte Durchsetzung erwünschter Verhaltensweisen oder als diskursiver Prozess zwischen zwei Subjekten verstanden werden (vgl. Knauer 2009, S. 42).

Betreuung meint dagegen die außerhalb der Familie stattfindende beaufsichtigende und erziehende Tätigkeit Erwachsener gegenüber den Adressaten. Betreuungsangebote stellen Ansprüche vor allem an das Zeitmanagement von Schule und Jugendhilfe. In aller Regel sind mit Betreuungsangeboten jene Leistungen gemeint, die für Kinder und Eltern in einem vorgegeben Zeitraum nach Voranmeldung verlässlich sind, z.B. nach dem Unterricht oder in der Kindertagesstätte. Zwar werden verschiedene Standards genannt, wie z.B. die Bereitstellung verlässlicher Bezugspersonen und Kleingruppenarbeit als Methode, doch wird Betreuung als Funktion bewertet und stellt keine fachlich hohen Ansprüche an die Betreuungspersonen und wird auch daher in der Fachdiskussion gegenüber Bildung und Erziehung als minderwertig angesehen. Vorhandene Betreuungsangebote werden dementsprechend als kulturelle oder Bildungsangebote betrachtet (vgl. Pluto 2007, S. 114; I-1,

Z. 107; 149). Dabei haben insbesondere Ganztagsschulen inzwischen eine wesentliche Bedeutung in der Kinderbetreuung übernommen. So übersteigt die Anzahl der Ganztagsschulplätze inzwischen an vielen Orten die Zahl der sonstigen Tagesbetreuungsplätze, was zu einer Verlagerung von Betreuungskapazitäten von der Jugendhilfe an die Schule führt.

4.6   Jugendhilfe

Die Begriffe „Jugendhilfe„ bzw. „Kinder- und Jugendhilfe" haben den früher gebräuchlichen Begriff der „Jugendwohlfahrt" ersetzt. Wenn hier von Jugendhilfe gesprochen wird, so ist damit immer die Kinder- und Jugendhilfe gemeint. Darunter wird eine Vielzahl von Hilfestellungen für Kinder, Jugendliche und Eltern subsumiert, die von Kindertagesstätten, Angeboten der Jugendarbeit/Jugendsozialarbeit über Beratung bis zur konkreten Hilfestellung bei schwerwiegenden Problemen reichen.

4.6.1   Rechtliche Grundlagen im Hinblick auf die Kooperation

Die wesentlichen Grundlagen der Kinder- und Jugendhilfe sind im achten Sozialgesetzbuch (SGB VIII), dem Kinder- und Jugendhilfegesetz, geregelt (Abb. 5). Weitere rechtliche Grundlagen finden sich im Gesetz über die Vermittlung der Annahme als Kind, dem Adoptionsvermittlungsgesetz und dem Jugendschutzgesetz. Darüber hinaus gibt es Schnittmengen und Verknüpfungen in andere gesetzliche Bereiche, auf die hier nicht näher eingegangen wird (vgl. Münder; Meysen; Trenczek 2009, S. 51).

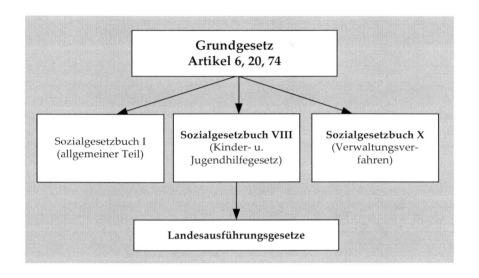

Abbildung 4:   *Äußere rechtliche Strukturen der Jugendhilfe*
                    Quelle: in Anlehnung an Krüger/Zimmermann 2009.

Im SGB VIII finden sich darüber hinaus zumindest drei Rechtsnormen, die direkt auf eine Pflicht zur Zusammenarbeit mit der Schule hinweisen: In § 81 des SGB VIII werden die öffentlichen Jugendhilfeträger zur Zusammenarbeit mit der Schule verpflichtet und in den §§ 11 und 13 des gleichen Gesetzes sind Leistungen der Jugendhilfe in Bezug auf die Schule geregelt (Abb. 6).

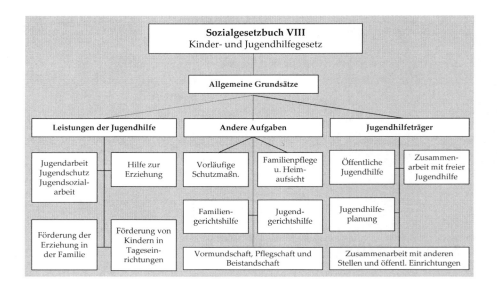

Abbildung 5:   *Innere rechtliche Strukturen der Jugendhilfe*
                     Quelle: in Anlehnung an Krüger/Zimmermann 2009.

4.6.2 Quantitative Bedeutung der Jugendhilfe

Qualität und Umfang der Jugendhilfeleistungen werden durch politische Entscheidungen und Prioritätensetzung bestimmt und gesteuert, da die Ausgaben ganz überwiegend aus Steuermitteln finanziert werden. Nur ein geringer Teil, Jordan spricht von 11 Prozent, kommt durch Kostenbeiträge der Adressaten zusammen (vgl. Jordan 2005, S. 266). Dabei entfallen, so der Autor weiter, 56 Prozent der Ausgaben auf die Tagesbetreuung von Kindern, die Hilfen zur Erziehung betragen 28 Prozent der Ausgaben. Den „Rest" teilen sich die anderen Handlungsfelder, zu denen auch jene gehören, die für die Kooperation mit der Schule bedeutsam sind.

Die Tatsache, dass die Jugendhilfe nur über ein begrenztes Budget verfügt fordert Kritiker heraus, die daraus ein Problem konstruieren, weil sich das Spannungsfeld zwischen den Leistungsversprechen des

SGB VIII und den Erwartungen der Adressaten auf der einen Seite und den finanziell klammen Kommunen andererseits erweitert hat.

Das System ist sehr personalintensiv und folglich liegt auf der Ausgabenseite der Schwerpunkt auf den Personalkosten. Besonders kostenintensiv sind dabei die Personalaufwendungen in den Kindertageseinrichtungen. Auch auf dieser Grundlage muss die Diskussion um die finanzielle Ausstattung von Jugendarbeit und der Kooperation mit Schule geführt werden, zumal Einsparpotentiale zumeist über die Personalkosten bewältigt werden, während Umfang und Qualität der Leistungen sinken.

Für Ende 2006 weist die Statistik des statistischen Bundesamtes 425.547 (2010: 489.700; 2002: 379.723; 1998: 373.233) Personen in der Kindertagesbetreuung und 193.100 (2002: 194.079; 1998: 199.895) tätige Personen in den übrigen Bereichen der Jugendhilfe aus. Somit beschäftigte die Jugendhilfe insgesamt 618.647 Personen. Davon wurden zur Fachkräftegruppe, also dem pädagogischen und Verwaltungspersonal 535.350 Personen gezählt.

Zum Stichtag 1. März 2010 gab es laut statistischem Bundesamt in Deutschland 17.183 Tageseinrichtungen für Kinder in öffentlicher Trägerschaft und 33.666 Kindertageseinrichtungen freier Träger. Dazu addieren sich etwa 30.000 sonstige Einrichtungen der Kinder- und Jugendhilfe (Statistisches Bundesamt 2010).

In 2009 gab die Jugendhilfe in Deutschland 24,29 Milliarden Euro aus. Im Jahr 2007 waren dies noch 22,79 Milliarden, 2004 20,67 Milliarden. Von den 24,29 Milliarden Euro des Jahres 2009 flossen 14,7 Milliarden in Einrichtungen, 9,59 Milliarden wurden direkt an die Adressaten für Einzel- und Gruppenhilfen gewährt. Von den 1,95 Milliarden Euro, die die Jugend- und Jugendsozialarbeit erhielt, erhielten die Einrichtungen 1,11 Milliarden.

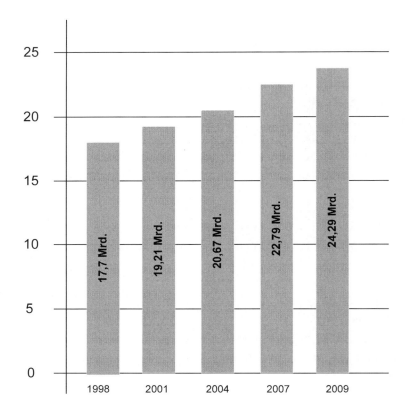

Abbildung 6:   *Ausgaben Kinder- und Jugendhilfe 1998-2009*
Quelle: Statistisches Bundesamt 2010.

4.6.3 Organisationsformen und Handlungsfelder

Die Jugendhilfe stellt einen Ausschnitt der Sozialpädagogik dar und richtet sich an die Adressatengruppen Kinder, Jugendliche und ihre Familien:

> *„Für die Jugendhilfe gilt es, junge Menschen in ihrer individuellen und sozialen Entwicklung zu fördern, durch soziale Arbeit Benachteiligung zu vermeiden und abzubauen, sowie Sorge zu tragen für positive Lebensbedingungen und eine kinder- und fa-*

milienfreundliche Umwelt. Jugendhilfe umfasst demnach allgemein fördernde, direkt helfende und politische Aufgabenbereiche."
(Jordan 2000, S. 12)

Sie realisiert die Erziehungsansprüche junger Menschen, die nach Rolf Krüger und Gerhard Zimmermann durch Elternhaus, Schule und berufliche Bildung allein nicht sichergestellt werden oder erst durch deren Versagen entstehen. Jugendhilfe ist demnach eine gesellschaftliche Sozialisationshilfe (vgl. Krüger/Zimmermann 2009, S. 125)und ihrem Verständnis und Auftrag nach, ist Jugendhilfe Münder, Meysen und Trenczek (vgl. 2009, S. 52). folgend

- offensive Interessenvertretung junger Menschen und
- eine soziale Kontrollinstanz und reaktive Intervention und
- eine ressortbezogene Leistung.

Münder, Meysen und Trenczek nennen im Frankfurter Kommentar zum SGB VIII zudem diverse strategische Ziele und Handlungsprinzipien der Jugendhilfe, ohne dass allerdings dabei etwas über ihre operative Umsetzung gesagt wäre: Sie möchte Präventionsangebote machen, lebenswelt- und alltagsorientiert handeln, dezentral organisiert, regionalisiert und integrativ orientiert sein. Sie will ihren Adressaten bei der Bewältigung des Alltags helfen und sie bei der Existenzsicherung unterstützen.

Dabei setzt sie konsequent auf Partizipation und Freiwilligkeit und mischt sich, so ihr Anspruch, in andere Politik- und Handlungsfelder ein, in denen jene „Probleme entstehen, die dann den Trägern der Jugendhilfe zur „Lösung" übergeben werden, wie Münder es ausdrückt (vgl. Münder; Meysen; Trenczek 2009, S. 54)." Dazu gehören beispielsweise auch die Schule oder die berufliche Bildung.

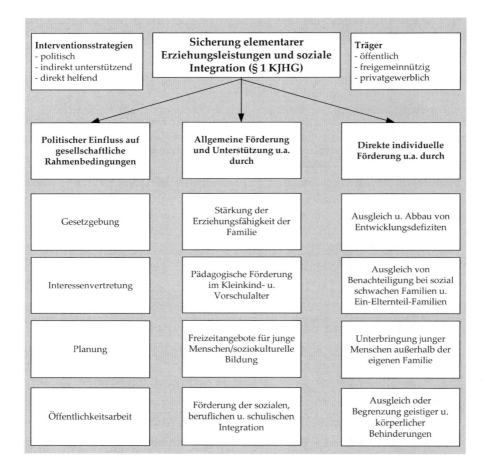

Abbildung 7:   Kinder- und Jugendhilfe: Ziele, Aufgaben, Institutionen
               Quelle: in Anlehnung an Jordan 2005.

Das Jugendhilfe-System differenziert auf Seiten der Träger zwischen öffentlichen und freien Trägern. Als Gewährleistungsträger der öffentlichen Jugendhilfe sind dies die kommunalen Jugendämter und die Landesjugendämter und als Freie Träger firmieren Kirchen und Religionsgesellschaften, Wohlfahrtsverbände, Jugendverbände und andere Träger, wie Dachverbände, Arbeitsgemeinschaften oder Vereine (vgl. Jordan 2005, S. 241ff).

Die starke Stellung der freien Träger ergibt sich aus der Forderung des SGB VIII, demzufolge hat die öffentliche Jugendhilfe mit den freien Trägern partnerschaftlich zusammen arbeiten muss, sie zu fördern und an Entscheidungen zu beteiligen. Geregelt ist auch das Subsidiaritätsprinzip, welches den freien Trägern bei Angeboten Vorrang vor öffentlichen Trägern einräumt. Jordan gliedert die Jugendhilfe nach ihrem Anlass und ihrer Form in vier Bereiche (Jordan 2005, S. 71):

-   Angebote zur allgemeinen Förderung der Erziehung und Bildung junger Menschen (alle Kinder, Jugendlichen und Familien als Adressaten, dazu gehört u.a. die Jugendarbeit)
-   Beratungs- und Unterstützungsangebote (spezifische Problemlagen und Zielgruppen, realisiert u.a. von Schulsozialarbeit oder Jugendsozialarbeit)
-   Hilfen zur Erziehung (nach entsprechender Bedarfsfeststellung i.S. des § 27 SGB VIII, z. B. ambulante und teilstationäre Hilfen)
-   Hoheitliche Aufgaben (können gegen den erklärten Willen der Sorgeberechtigten und gegen Wünsche und Erwartungen der Betroffenen durchgesetzt werden, wie z.B. Jugendgerichtshilfe, Pflegschaft und Vormundschaft)

Aus dem breiten Aufgabenspektrum der Jugendhilfe sind für die Zusammenarbeit mit der Schule insbesondere die Jugendarbeit und die Jugendsozialarbeit von Bedeutung (vgl. SGB VIII, § 11 Abs. 3, § 13 Abs. 1).

Jugendarbeit

Jugendarbeit will die heranwachsende Generation über die Auseinandersetzung mit der Lebenswelt der Erwachsenen an die Erwachsenenwelt und ihre Werte heranführen und dabei die Interessen der Jugendlichen berücksichtigen und sie an ihren Angeboten beteiligen. Daraus ergibt sich die besondere gesellschaftliche Funktion der Jugendarbeit, die das Ziel durch Mitbestimmung und Mitentwicklung der jungen Generation bei der Zielformulierung, den Aufgaben, Inhalten und Formen erreichen will. Darüber hinausgehend tut sie dies oft genug konflikthaft und auch gegen die Konzepte der Erwachsenenwelt und professioneller Pädagogen (vgl. von Wensierski 1999, S. 35).

Dabei legitimieren Problemlagen, die sich aus wirtschaftlichen und sozialen Krisen ergeben, wie Leistungs- und Auslesedruck, Jugendarbeitslosigkeit, Delinquenz, Konsum- oder Drogensucht ergeben und damit besondere Herausforderungen darstellen die Jugendarbeit auch gesellschaftlich (vgl. Jordan 2005, S. 123).

Inhalte und Themen der Jugendarbeit sind zielgruppenorientiert, die Methoden gruppen- und erlebnisbezogen und orientieren sich an alltäglichen Erfahrungsfeldern. Die Aufgabenstellung der Jugendarbeit ist dabei ebenso vielschichtig wie ihre Zielsetzungen und unterschiedlich wie die Träger, die Jugendarbeit anbieten:

> *„Die Jugendarbeit umfasst den Gesamtzusammenhang der öffentlichen sozialpädagogischen Freizeit- und Bildungsangebote mit Jugendlichen. Hervorstechendes Merkmal des Bereichs der Jugendarbeit ist seine Pluralität und zwar eine Pluralität der Konzepte, der Träger, der Methodik und Didaktik, der Veranstaltungsformen und er Adressaten."* (von Wensierski 1999, S. 34).

Sie umfasst jene Lern- und Sozialisationshilfen, die jenseits der Schule erfolgen und Jugendliche unmittelbar ansprechen und von ihnen freiwillig wahrgenommen werden (vgl. Jordan 2005, S. 121).

Die Abgrenzung zur „schulischen Jugendarbeit„ liegt in ihrer unterschiedlichen gesellschaftlichen Funktion: Jugendarbeit und außerschulische Jugendbildung zielen auf Generationenbildung, Partizipation und Emanzipation. Ihre Angebote sind freiwillig, die Bildungsprozesse zielen auf Persönlichkeitsentwicklung, Mündigkeit und die Entfaltung von Kreativität (vgl. Wensierski 1999, S. 34). Neuere Konzepte der Jugendarbeit setzen auf Dialog und Solidarität und orientieren sich stärker als bisher am Sozialraum.

Jugendsozialarbeit

Jugendsozialarbeit verfügt über ein differenziertes Spektrum an Leistungen und ist ein selbstständiger Leistungsbereich der Jugendhilfe. Sie umfasst den Teilbereich der Jugendhilfe, der sich mit Integrationsproblemen Jugendlicher und junger Erwachsener in den Feldern Wohnen, Arbeiten und Schule beschäftigt. Sie bezeichnet heute den Bereich der berufsbezogenen Erziehungs- und Bildungshilfen für junge Menschen.

Besondere Merkmale der Zielgruppe, die der Abgrenzung zu den Adressaten der Jugendarbeit dienen, sind soziale Benachteiligung und individuelle Beeinträchtigung. Zu den Arbeitsfeldern gehören die Arbeit mit Jugendlichen mit Migrationshintergrund, die geschlechtsspezifische Sozialarbeit, die Jugendberufshilfe, Jugendwohnangebote, die aufsuchende Jugendsozialarbeit, die Jugendberufshilfe und die Schulsozialarbeit (Galuske 1999, S. 65).

Bildungsangebote der Jugendsozialarbeit zielen darauf ab, die Potenziale der Adressaten zu erkennen und sie zu fördern sowie den Erwerb von Kompetenzen zu ermöglichen, die den erfolgreichen Start in ein eigenständiges Leben ermöglichen.

Schulsozialarbeit

Schulsozialarbeit ist ein Handlungsfeld der Jugendhilfe und eine Form der Zusammenarbeit von Jugendhilfe und Schule. Dieses Kooperationsfeld ist nicht neu und spielt nicht erst seit Einführung der Ganztagsschule eine Rolle. Dabei ist Schulsozialarbeit als Begriff nicht ausdrücklich im SGB VIII enthalten.

Der besondere Ansatz von Schulsozialarbeit besteht darin, Arbeitsansätze, Handlungsformen und Zielbestimmungen der Jugendhilfe am Ort und im Umfeld des Ortes der Schule zu realisieren. Hier zeigt sich auch das grundsätzliche Spannungsverhältnis: Während für die Schule die Sicherstellung des Lehrbetriebes im Vordergrund steht und schwierige Kinder oder Jugendliche als Problem bewertet werden, versucht

Schulsozialarbeit deren Einbindung in den Unterricht zu erhalten oder wiederherzustellen.

Praxis-Konzepte von Schulsozialarbeit unterscheiden sich in ihrem Verhältnis zum System Schule und dem Selbstverständnis der Sozialpädagogik. So finden sich neben einem eher additiven Verhältnis Modelle einer kooperativen Verbindung von Jugendhilfe und Schule, die ein systemisches Verständnis der Schulsozialarbeit nahe legen (Seithe 1999, S. 81). Es gibt Konzepte, die schulspezifisch sind und solche, die eindeutig im Jugendhilfesystem siedeln. In einigen Konzepten steht die Förderung und Beratung einzelner Kinder und Jugendlicher an oberster Stelle, andere Konzepte stellen den Übergang von der Schule ins Berufsleben in den Vordergrund oder sie verbinden Elemente der Jugendarbeit mit dem Standort der Schule. Krüger unterscheidet das Integrations-Subordinationsmodell, das Distanzmodell und das Kooperationsmodell (vgl. Krüger 2009, S. 158).

Als Grundbausteine, die unabhängig von der konzeptionellen Ausrichtung oder vom Ort der Verankerung sind, nennt Deinet (2010, S. 104):

-    Beratung von Kinder, Jugendlichen, Lehrern und Eltern
-    Unterrichtsbezogene Einzelfallhilfen
-    Angebote zum sozialen Lernen
-    Freizeit- und Betreuungsangebote
-    Berufsorientierung und Übergang Schule/Beruf
-    Vernetzungsfunktionen

Beeinflusst wird die Arbeit der Schulsozialarbeit durch den örtlichen Schulalltag, der Auswirkungen auf die Arbeitsabläufe der Schulsozialarbeit hat und durch die Ausstattung und Ausgestaltung der Schule. Bis zur Einführung von Ganztagsschulen waren Schulsozialarbeiter der „Brückenkopf" der Jugendhilfe in den Schulen und mit entsprechend zahlreichen Problemen konfrontiert. Noch immer müssen sie in zwei Systemen agieren und oft unterschiedliche Erwartungen erfüllen. Entsprechend anspruchsvoll ist dieses Berufsfeld und daher hat Deinet recht, der feststellt, dass Schulsozialarbeit

„kein Feld für Berufseinsteiger, sondern eher für erfahrene Menschen, die schon Berufserfahrung in einem Feld der Jugendhilfe (z. B. in der Jugendarbeit oder den Hilfen zur Erziehung) haben sollten" ist (Deinet 2010, S. 118).

Die Umstände machen das unter Schulsozialarbeiter/innen verbreitete „Einzelkämpfersyndrom" verstehbar, welches aber durch die Einbindung der handelnden Personen in Teams deutlich abgemildert werden kann. Die Einbindung der Solisten in ein Team erfordert allerdings ein gutes Personalmanagement und damit Steuerungskompetenz.

Partizipation als Grundsatz in der Jugendhilfe

Für die Jugendhilfe ist Beteiligung eine Grundmaxime, die sich im SGB VIII findet: Eine Prämisse des Kinder- und Jugendhilfegesetzes ist, dass neben der Fachlichkeit der sozialen Dienstleister die Beteiligung und Mitwirkung der Leistungsberechtigten ausschlaggebend für den Erfolg von Leistungen ist. Die Beteiligungsforderung verschafft Kindern und Jugendlichen die Möglichkeit aktiv auf die Gestaltung der Leistungen Einfluss zu nehmen und ist altersgerecht und entwicklungsentsprechend umzusetzen.

„Diese Interaktion zwischen Nutzer/innen und Erbringer/innen von Leistungen ist besonders bei personenbezogener sozialer Dienstleistung von zentraler Bedeutung, da Professionalität und Fachlichkeit nicht automatisch und linear zum Erfolg, zur Sicherung von Rationalitätsstandards führen." (AGJ 1999, S. 5)

Freiwilligkeit, Selbstorganisation und Teilhabe sind konstitutiv für das Handlungsfeld der Kinder- und Jugendarbeit. Die rechtlich verbindliche Aufforderung ihre Adressaten zu beteiligen ergibt sich für die Jugendhilfe aus § 8 des SGB VIII:

„Kinder und Jugendliche sind entsprechend ihrem Entwicklungs-
stand an allen sie betreffenden Entscheidungen der öffentlichen
Jugendhilfe zu beteiligen." (Münder 2009, S. 103)

Dieses Recht ist Verpflichtung für die Mitarbeiter/innen der Jugendhilfe
und gilt in allen Bereichen, in denen Entscheidungen zur Umsetzung des
SGB VIII Kinder und Jugendliche betreffen. Der Anspruch sorgt aber bei
vielen Fachkräften, auch jenen, die in der Kooperation Jugendhil-
fe/Schule eingesetzt sind, für Verunsicherung, wie u.a. die Studie zur
Verwirklichung von Partizipation zeigt (Pluto 2007, S. 417). Nicht über-
raschend ist daher, dass Partizipation, so Franz Bettmer, *„in normativer*
Hinsicht äußerst positiv besetzt, in Fragen der praktischen Umsetzung jedoch
eher unbestimmt" (Bettmer 2009, S. 171).

Die Prinzipien finden sich im auch im verfahrensrechtlichen Teil des
SGB VIII wieder, wenn es um die Beteiligungsrechte bei der Gewährung
von Hilfen zur Erziehung (§§ 27 ff.) geht. Den Adressaten wird ausdrücklich das Recht eingeräumt, zwischen Einrichtungen und Diensten
verschiedener Träger zu wählen und selbst Wünsche zur Gestaltung der
Hilfe zu äußern (§ 5) sowie über die Grundrichtung der Erziehung zu
entscheiden (§ 9).

Als Beteiligungsformen kommen repräsentative, offene, projektorien-
tierte und/oder einzelfallorientierte Formen in Betracht. Als Beispiel wä-
ren hier die Jugendgemeinderäte mit ihrem repräsentativen Charakter
zu nennen, Kinderkonferenzen oder Jugendforen für die offene Form,
Jugendhilfeplanung oder Sozialraumgestaltung auf der projektorientier-
ten Seite oder die direkte Mitwirkung bei der Hilfeplanung im Einzelfall.

Für den Lebensraum Schule kann nun aber festgestellt werden, dass
die Beteiligungsformen sich dort im Wesentlichen auf die Schülervertre-
tungen konzentrieren. Die aber, so konstatiert der elfte Kinder- und Jugendbericht, über mangelnde Kompetenzen nicht gerade zum Engagement motivieren (BMFSFJ 2002, S. 192). Im Alltag werde darüber hinaus
beklagt, dass Schülerinnen und Schüler nicht am Prozess der inneren
Schulentwicklung partizipierten. Der Kinder- und Jugendbericht fordert
daher:

„Neben einer Ausweitung der Kompetenzen institutioneller Mit-
wirkungsformen ist die Demokratisierung der Schule durch Betei-
ligung innerhalb der Lehr- und Lernarrangements sowie durch
Kooperation mit außerschulischen Institutionen notwendig!"
(BMFSFJ 2002, S. 194)

Lehrer/innen aber, die die Beteiligung der Schüler/innen fördern müssten, sollen die Anforderungen des Schulsystems umsetzen und sind auf
eine Rollenverteilung angewiesen, die partizipatives Handeln erschwert.
Dieses Dilemma kann nur dadurch aufgelöst werden, in dem Organisa-
tionsziele und –zwecke in den Entscheidungsbereich von Beteiligungs-
verfahren gerückt werden, in dem die Rahmenbedingungen und Vorgaben beeinflusst werden können, meint Bettmer (2009, S. 172 ff).

Pluto kommt noch über diese Feststellung hinaus zu dem Schluss,
dass Kinder, Jugendliche und ihre Eltern nur gut informiert eine Chance
auf Beteiligung haben. Aus ihrer Sicht führt die *„Nichtdurchschaubarkeit*
von Entscheidungsprozessen dazu, dass sich Adressaten nicht einbringen und
eine Beteiligung nicht einfordern" (Pluto 2007, S. 419).

Dabei weist Karlheinz Thimm darauf hin, dass die Mitbestimmung
bei der Angebotsentwicklung und deren Ausgestaltung die Identifikati-
on der Kinder und Jugendlichen erhöht. Er schlägt vor, die Kinder, Jugendlichen und ihre Eltern an der Entwicklung und Gestaltung von Bil-
dungsgelegenheiten, der Reihenfolge von Lerninhalten, der Lernwege
oder der Sachmittelverwendung zu beteiligen. Außerdem regt ein Un-
terrichts-, Lehrer- und Angebots-Feedback an. Damit Beteiligung auch
tatsächlich realisiert wird und nicht anderen Prioritäten untergeordnet
wird, schlägt er feste Zuständigkeiten in der Schule vor. (vgl. Thimm
2010, S. 84).

Von der Beteiligung abzugrenzen ist das Prinzip der Freiwilligkeit,
welches nur für die aus dem staatlichen Wächteramt des Jugendamtes
resultierende Aufgaben nicht gilt. Dieses Prinzip stellt insb. für die Jugendarbeit eine besondere Herausforderung dar, denn deren Angebote
werden nur angenommen, wenn sie attraktiv genug sind und den Interessen und Erwartungen der Adressaten entsprechen.

4.7   (Ganztags-) Schule

Es gibt in Deutschland – entsprechend der Zahl der Bundesländer – sechzehn verschiedene Schulgesetze, da Schulbildung Ländersache ist. Daher ist die inhaltliche Ausgestaltung des Schullebens in der Befugnis der Bundesländer, während die sog. äußeren Schulangelegenheiten (wie Gebäude- oder Schulverwaltung) von den Kommunen, die meistens als Schulträger fungieren, organisiert werden.

Grundsätzlich hat jeder Mensch ein Recht auf Bildung. Dieses Recht hat in Deutschland zwar keinen Verfassungsrang – im Grundgesetz ist ein solches Recht auf Bildung jedenfalls nicht ausdrücklich beschrieben – allerdings ergibt sich das Recht auf Bildungsmöglichkeiten indirekt aus den im Grundgesetz verankerten Grundrechten: Schon das elementare Grundprinzip der Menschenwürde verbietet es, Menschen Bildungschancen willkürlich vorzuenthalten.

Neben diesem Bildungsrecht besteht in Deutschland eine Pflicht, die Schule zu besuchen, die jedenfalls bei Kindern und Jugendlichen dieses Recht durch praktische Hilfestellung durchsetzen soll. In Baden-Württemberg ist die Schulpflicht in den §§ 72 bis 76 des Schulgesetzes geregelt: Vom sechsten Lebensjahr an müssen alle Kinder und Jugendlichen die Grundschule besuchen, danach für mindestens fünf Jahre eine der Schulen im Sekundarbereich. Tun sie dies ohne besonderen Grund nicht, reagiert der Staat mit Ordnungs- und Zwangsmaßnahmen.

In § 11 der baden-württembergischen Landesverfassung ist geregelt, dass „jeder junge Mensch ohne Rücksicht auf Herkunft oder wirtschaftliche Lage das Recht auf eine seiner Begabung entsprechende Erziehung und Ausbildung„ habe. Der § 1 des baden-württembergischen Schulgesetzes legt die grundlegenden rechtlichen Rahmenbedingungen fest:

> *„Der Auftrag der Schule bestimmt sich aus der durch das Grundgesetz der Bundesrepublik Deutschland und die Verfassung des Landes Baden-Württemberg gesetzten Ordnung, insbesondere daraus, dass jeder junge Mensch ohne Rücksicht auf Herkunft oder wirtschaftliche Lage das Recht auf eine seiner Begabung ent-*

> *sprechende Erziehung und Ausbildung hat und dass er zur*
> *Wahrnehmung von Verantwortung, Rechten und Pflichten in*
> *Staat und Gesellschaft sowie in der ihn umgebenden Gemein-*
> *schaft vorbereitet werden muss."*

Zudem wird der Schule in dieser ersten Norm ein gesetzlich verbindlicher Erziehungs- und Bildungsauftrag zugewiesen, wobei sie bei der Erfüllung ihres Auftrags das „verfassungsmäßige Recht der Eltern, die Erziehung und Bildung ihrer Kinder mitzubestimmen, zu achten und die Verantwortung der übrigen Träger der Erziehung und Bildung zu berücksichtigen" hat.

Auch stattet das Schulgesetz die Schulen mit einer Durchsetzungsmacht aus, die beispielsweise der Jugendhilfe fremd ist. In Absatz 2 des § 23 des baden-württembergischen Schulgesetzes erhält die Schule das Recht

> *„die zur Aufrechterhaltung der Ordnung des Schulbetriebs und*
> *zur Erfüllung der ihr übertragenen unterrichtlichen und erziehe-*
> *rischen Aufgaben erforderlichen Maßnahmen zu treffen und örtli-*
> *che Schulordnungen, allgemeine Anordnungen und Einzelanord-*
> *nungen zu erlassen. Inhalt und Umfang der Regelungen ergeben*
> *sich aus Zweck und Aufgabe der Schule."*

Die unterschiedlichen Machtverhältnisse waren auch Gegenstand der Experten-Interviews, als es darum ging, die Aufgabenverteilung zwischen Schule und Sozialarbeit zu beschreiben (vgl. I-5, Z. 123-129).

Über die vorgenannten rechtlichen Rahmenbedingungen hinaus gibt es in Baden-Württemberg beispielsweise auch ein Privatschulgesetz, ein Kindertagesbetreuungsgesetz und ein Weiterbildungsförderungsgesetz sowie Verordnungen und Verwaltungsvorschriften wie z.B. Notenbildungs- oder Schulbesuchsverordnungen. Auf diesen rechtlichen Rahmen wird hier nicht eingegangen.

4.7.1 Schulstrukturen

Drei Strukturformen werden unterschieden: Das *Isolationssystem*, das Gabelungssystem und das Stufensystem. Ersteres beschult die Kinder und Jugendlichen in „Säulen" und war in Deutschland bis 1919 das Schulsystem mit den vier Schulformen Gymnasium, Mittelschule, Volksschule und der Hilfsschule. Mit Gründung der flächendeckenden Einheitsschule Grundschule 1920 wurde das so genannte *Gabelungssystem* eingeführt: Ab jenem Zeitpunkt wurden die Kinder nach der vierten Klasse selektiert und ab der 5. Klasse aufgeteilt. Unterschiede zwischen neuen und alten Bundesländern gibt es seit dem Tag, an dem aus den deutschen Staaten DDR und BRD ein einziger deutscher Staat wurde: Denn in Sachsen, Thüringen, Sachsen-Anhalt und Mecklenburg-Vorpommern wurden Haupt- und Realschulen zusammengefasst, während in den meisten „alten" Bundesländern diese Trennung bis heute Bestand hat.

Das Schulwesen Baden-Württembergs zum Beispiel gliedert sich in die Schularten Grundschule, Hauptschule und Werkrealschule, Realschule, Gymnasium, Kolleg, Berufsschule, Berufsfachschule, Berufskolleg, Berufsoberschule, Fachschule und Sonderschule. Die Schularten befinden sich auf sog. Schulstufen (Primarstufe, Sekundarstufe I mit Orientierungsstufe, Sekundarstufe II), die der Gliederung der Bildungswege in aufeinander bezogene Abschnitte entsprechen und sich aus dem organischen Aufbau des Schulwesens und ihrer Anpassung an die altersgemäße Entwicklung der Schüler ergeben; an ihrem Ende ist in der Regel nachzuweisen, dass bestimmte Bildungsziele erreicht worden sind.

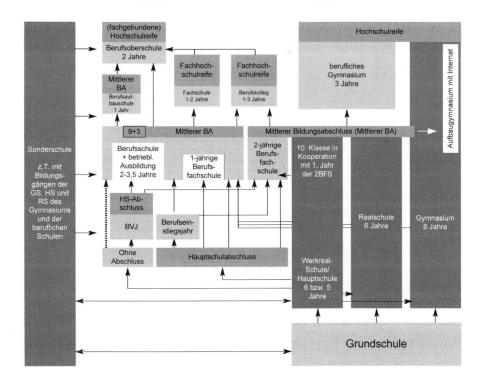

Abbildung 8:   *Schulsystem in Baden-Württemberg*
                    Quelle: in Anlehnung an Kultusministerium B.-W. 2011.

Den Anspruch auf eine äußere Differenzierung der Kinder und Jugendlichen in der Schule zu verzichten, findet sich im *Stufensystem* wieder,
welche einer Einheitsschule bis zum Schulabschluss darstellt. Dieses
System wird bislang konsequent nur in den skandinavischen Ländern
umgesetzt, aber oft als exemplarisch für angestrebte Veränderungen des
deutschen Systems angesehen. In einzelnen westdeutschen Bundesländern gab es mit der Einführung der Gesamtschule ähnliche Entwicklungen.

Matthias von Saldern stellt für das in Deutschland umgesetzte Gabelungssystem fest, dass es hierfür jedenfalls keine pädagogische, sondern

ausschließlich eine historische Begründung gäbe (vgl. von Saldern 2009, S. 70). Er konstatiert aber auch, dass es Bewegung gibt, dass sich die Strukturen verändern, auch wenn dies in manchen Bundesländern nicht aus pädagogischer Einsicht passiere, sondern weil die Schülerzahlen sänken und allein dieser Umstand die Zusammenlegung von Schulformen notwendig mache (von Saldern 2009, S. 73).

In festgelegten Bildungsstandards wird beschrieben, über welche fachlichen, personalen, sozialen und methodischen Kompetenzen die Schülerinnen und Schüler bis zum Ende einer bestimmten Klassenstufe verfügen müssen. So sind in den Bildungsplänen für die verschiedenen Schularten wichtige Rahmenbedingungen verzeichnet. Beispielsweise fördert der baden-württembergische Bildungsplan 2010 für die Werkrealschule neben der Sachbildung ausdrücklich auch die Identitätsbildung, die soziale und politische Bildung sowie die persönliche Bildung (vg. Ministerium für Kultus, Jugend und Sport Baden-Württemberg 2010 S. 8).

Weitere Strukturmerkmale der Schulen betreffen die Organisation des Lernens: Die Kinder und Jugendlichen werden – jedenfalls in der überwiegenden Zahl der Schulen – als Jahrgangsklassen und darüber hinaus in Unterrichtseinheiten von jeweils 45 Minuten unterrichtet. Dahinter steckt zum einen die Annahme, dass Lebensalter und Leistungsstatus zusammenhängen, zum anderen mit einer Tradition, die im zweiten Jahrzehnt des vergangenen Jahrhunderts wurzelt (vgl. von Saldern 2009, S. 79). Die vorhandene Heterogenität in den Klassen führt zum einen zu einer Konzentration auf die Leistungsmitte in der Klasse und zum anderen zur Selektion von Kindern und Jugendlichen. Von Saldern regt stattdessen die Schaffung von Lerngruppen an, wie es sie beispielsweise in der gymnasialen Oberstufe gibt und fordert die Abkehr vom klassischen 45-Minuten-Unterricht.

4.7.2 Quantitative Bedeutung von Schule

Aufgrund der Schulpflicht lernen (fast) alle Kinder und Jugendlichen das System und die Institution Schule als Adressaten kennen. Somit haben auch alle Erwachsenen, die in ihrer Rolle als Eltern oder Kooperationspartner aus der Jugendhilfe in das System Schule zurückkehren, eigene Erfahrungen mit Schule gemacht, die oft auch weniger positiv waren, als die vieler Erwachsener, die als Lehrer in die Berufswelt Schule zurückkehren.

Im Schuljahr 2009/2010 besuchten laut statistischem Bundesamt 8.818.266 (2010/2011: 8.709.021) Kinder und Jugendliche die insgesamt 32.756 verschiedenen Grundschulen, Hauptschulen, Realschulen, Gymnasien, freie Waldorfschulen, Förderschulen, schulartunabhängigen Orientierungsstufen, Schulen mit mehreren Bildungsgängen und/oder integrierte Gesamtschulen in Deutschland. Diese Zahlen belegen wie verschieden, vielfältig und heterogen die Institution Schule und ihre Nutzer/innen sind.

Die Kinder und Jugendlichen wurden von 664.705 voll- oder teilzeitbeschäftigten Lehrerinnen und Lehrern unterrichtet, sodass im Durchschnitt im Schuljahr 2009/2010 auf jede Lehrer/in 13,27 Kinder oder Jugendliche kamen (vgl. Statistisches Bundesamt 2010, S. 17; S. 30; S. 337).

4.7.3 Ganztagsschulen

Ganztagsschulen haben neben der unterrichtlichen Funktion auch eine Betreuungsfunktion. In den Jahren 2003 bis 2009 förderte die Bundesregierung mit dem Investitionsprogramm „Zukunft, Bildung und Betreuung" den Ausbau der Schulen mit Ganztagsangeboten. Mit dem Ausbau wurden verschiedene bildungs- und sozialpolitische Erwartungen verknüpft u.a. die Hoffnung auf verbesserte Möglichkeiten einer individuellen Förderung an Schulen, um Kompetenzen auszubilden und schulische Leistungen zu verbessern (vgl. Züchner 2010). Sozial benachteiligte Kinder und Jugendliche sollten besser integriert und gefördert werden, Bildungsinhalte sollten thematisch, zeitlich und konzeptionell auf andere Lernformen und außerschulische Akteure ausgeweitet werden. Darüber hinaus sollte die Vereinbarkeit von Familie und Beruf durch das Angebot verbessert werden. Bildung und Betreuung sind also die zentralen Leistungen, die von Ganztagsschulen erwartet werden.

Insgesamt standen für dieses Programm 4 Milliarden Euro zur Verfügung. Im Schuljahr 2008/2009 gab es 521 Ganztagsschulen in Baden-Württemberg, was einem Anteil von 22 Prozent aller schulischen Verwaltungseinheiten entspricht (Züchner 2010, S. 5; BMBF 2009, S. 2). Der Bildungsbericht 2010 fasst für ganz Deutschland zusammen:

> *„Etwa ein Viertel der Schülerinnen und Schüler nutzen Angebote an Ganztagsschulen. Mit einem Gesamtanteil von 42% aller schulischen Verwaltungseinheiten arbeitete 2008 fast jede zweite Schule des Primar- und Sekundarbereichs I im Ganztagsbetrieb, allerdings vor allem in offener Form.“* (Bildungsbericht 2010, S. 73)

Appel konstatiert entsprechend dieser Entwicklung, dass eine Belegung des Ganztagsschulgedankens nicht vorrangig aus pädagogischen Begründungen, sondern aufgrund sozialpädagogischer und gesellschaftspolitischer Bedürfnisse erfolgt sei (Appel, 2009, S. 16). Die Schule solle demnach eine verlässliche, institutionelle Versorgung der Kinder sichern, um die Familien zu entlasten und Segregation von Gruppen zu verhindern. Appel geht davon aus, dass sich Kommunen und Bundesländer diesen gesellschaftlichen Anforderungen gestellt haben, um jugendpolitische Problemlagen in Städten und Großgemeinden zu entschärfen.

Eine Schule ist dann eine Ganztagsschule, wenn sie erweiterte Lernangebote, individuelle Fördermaßnahmen und Hausaufgaben ebenso in ein ganztägiges Konzept von Schule einbindet wie Ergänzungsangebote für die Schülerinnen und Schüler. Entscheidend bei der Auswahl solcher Angebote dürfte sein, dass die Angebote entwicklungsentsprechend, interessenorientiert und bedürfnisgerecht für die beschulten Kinder und Jugendlichen gestaltet sind. Die Ganztagsschule orientiert sich dabei an den Lebenslagen der Kinder und Jugendlichen und bietet auch alternative Unterrichtsformen wie etwa den Projektunterricht an. Darüber hinaus muss den Schülerinnen und Schülern täglich ein warmes Mittagessensangebot zur Verfügung gestellt und eine ausreichende Ausstattung an

Lehr- und Lernmitteln, Rückzugszone und zusätzliches pädagogisches Personal bereit gestellt werden.

Die Kultusministerkonferenz (KMK) unterscheidet Ganztagsschulen in gebundener, teilgebundener und offener Form. Bei der gebundenen Form ist der Aufenthalt in der Schule durchgehend strukturiert und zwar täglich mindestens sieben Stunden an mindestens drei Wochentagen, in Baden-Württemberg sogar verpflichtend an vier Wochentagen. Bei der teilgebundenen Form ist dies nur für Schüler bestimmter Klassen bzw. Jahrgangsstufen verpflichtend. Auch hier stehen die vormittäglichen und nachmittäglichen Aktivitäten in einem konzeptionellen Zusammenhang. In der offenen Form wird die Teilnahme jeweils durch die Schüler oder deren Erziehungsberechtigte für mindestens ein Schulhalbjahr verbindlich erklärt.

4.8   Steuerung in der Jugendhilfe

Wie dargestellt ist die Kinder- und Jugendhilfe ein breites Feld mit unterschiedlichen Angeboten, Leistungen, Handlungsfeldern und Anbietern, die wiederum ganz verschiedentlich organisiert sind. Wie alle öffentlich finanzierten gesellschaftlichen Bereiche hat auch die Jugendhilfe die Verpflichtung, ihre Leistungen im Sinne von Aufwand und Ertrag zu begründen.

Grundsätzlich können Organisationen über den Input, den Prozess oder den Output gesteuert werden. Bei der Inputsteuerung wird das System über Vorgaben gesteuert, z.B. durch Gesetze oder Vorschriften. Bei der Prozesssteuerung erfolgt die Lenkung über die Einflussnahme auf die Abläufe innerhalb der Organisation (wie z.B. bei der Strukturoptimierung), bei der Output Steuerung geraten die Ergebnisse oder Wirkungen, die die Organisation produziert, in den Blick der Steuerung.

Drei Bereiche beanspruchen für sich steuernd auf Jugendhilfeleistungen einzuwirken, wobei Jugendhilfeplanung und Qualitätsmanagement die Produktebene um eine Ziel- und eine Prozessebene ergänzen:

- Die Jugendhilfeplanung bzw. das Hilfeplanverfahren als auf Partizipation zielende Steuerungsverfahren der Jugendhilfe.
- Die Instrumentarien der Neuen Steuerung, die auf eine an Output und Kosten orientierte Steuerung zielen.
- Qualitätsmanagement, welches auf eine kontinuierliche Verbesserung der Arbeitsverläufe und -ergebnisse beim Leistungserbringer zielt.

Jugendhilfe hat den fachlichen Anspruch, dass ihre Leistungen eine Wirkung erzielen und nicht nur, dass formal Leistungen erfüllt werden, weil ein Anspruch darauf besteht. Dennoch wird an der Jugendhilfe kritisiert, dass ihre Steuerungsanstrengungen mehr auf die Erstellung allgemeiner Konzeptionen gerichtet sind und daher eine umsetzungsbezogene Steuerung nach Zielen nicht ausreichend gewährleistet ist (vgl. Jenner 2004, S. 59).

Aus dem Handbuch zur neuen Steuerung in der Kinder- und Jugendhilfe geht hervor, dass das Modell der „wirkungsorientierten Steuerung" davon ausgeht, dass die Idee mit den Leistungen auch Wirkungen erzielen zu wollen auf allen Entscheidungsebenen mit oberster Priorität berücksichtigt wird. Ein diesem Anliegen entsprechendes System will folgerichtig die Aktivitäten der unterschiedlichen Entscheidungsebenen koordinieren und aufeinander abstimmen (vgl. BMFSJ 1999, S. 17).

Es ist sozusagen ein klassisches Feld der sozialpädagogischen Fachlichkeit in der Jugendhilfe, das Ziele definiert und überprüfbar werden. Mit welcher Methode, bzw. mit welchem Verfahren die Ziele erreicht werden sollen, gehört ebenfalls in das Repertoire der Planungskompetenz in der Sozialpädagogik. Durch den gesetzlichen Rahmen vorgegeben ist, dass die Leistungen der Jugendhilfe der Bedarfslage und den gegebenen Rahmenbedingungen entsprechen müssen. Zudem muss auch die Jugendhilfe spätestens seit der oft prekären kommunalen Haushaltslage ökonomische Gesichtspunkte bei der Planung und Steuerung berücksichtigen und die Gewährung von Leistungen gegenüber der Gesellschaft legitimieren können.

4.8.1 Neues Steuerungsmodell

Grundidee des neuen Steuerungsmodells, das zu Beginn der neunziger Jahre erstmals zur Verwaltungsmodernisierung herangezogen wurde, war das kommunale Dienstleistungsunternehmen, welches seinen Kunden, den Bürgern, kommunale Leistungen als Produkte anbieten und „verkaufen" sollte. Die Verwaltungen sollten so effektiver und effizienter werden, zugleich sollte die Qualität gesteigert werden. Das Instrumentarium der neuen Steuerung folgt allerdings primär einer quantitativen Steuerungslogik, was in der Jugendhilfe zu Kritik an diesem „zweckrationalen" Steuerungssystem führte. Dabei sieht auch sie sich einem wachsenden Legitimationsdruck gegenüber. Als Kritikpunkte werden von Jenner (2004, S. 94) genannt:

- die Gefahr, dass Jugendhilfe ökonomisiert wird und das Steuerungsmodell ausschließlich Sparzwängen dient,
- dass sozialen Dienstleistungen der Charakter von Waren zugewiesen wird, was aus Sicht der Kritiker nicht der Art der Beziehungsarbeit der Sozialarbeit entspricht und die dialogische Struktur der Beziehung zwischen Sozialarbeiter und Adressat zudem nicht adäquat erfasst wird,
- dass die allgemeine Bedarfsorientierung durch eine Finanz- oder Budgetorientierung abgelöst wird und die individuelle Bedarfsorientierung der Hilfe durch eine Standardisierung
- dass die Interessen der freien Träger ausgeblendet würden und sie sich im System von Partnern zu Auftragnehmern veränderten
- dass die Zweigliedrigkeit des Jugendamtes gefährdet wird

Andere sehen im Neuen Steuerungsmodell Möglichkeiten zur Qualitätssicherung und -überprüfung. Ihre Argumente fasst Jenner (2004, S. 95) im Folgenden zusammen:

- Das Prinzip der Bedarfsdeckung kann nicht durch Budgetierung eingeschränkt werden
- Politik und Verwaltung werden durch das Kontraktmanagement deutlich voneinander abgegrenzt, was grundsätzlich der zweiglied-

rigen Struktur des Jugendamtes entspricht. Zudem wäre die befürchtete Auflösung der Jugendämter unzulässig und selbst die Zuordnung zu anderen Organisationseinheiten wäre nur in begrenz-
tem Rahmen möglich.

- Produktdefinitionen werden laufend fortgeschrieben und dienen der
fachlichen und wirtschaftlichen Steuerung
- Die Fach- und Budgetverantwortung wird auf die Entscheidungsebene an die verantwortlichen Fachkräfte der Jugendhilfe delegiert
- Berichtswesen und Controlling unterstützen die Steuerung und dienen der ständigen Überprüfung der Jugendhilfestandards

Beim neuen Steuerungsmodell erfolgt die Steuerung nicht mehr über
den Input (wie bei der Kameralistik üblich), sondern über den Output,
das Ergebnis oder die Wirkung von Maßnahmen. Zuvor (und in manchen Kommunen ist dies heute noch der Fall) wurden der Verwaltung
Sach-, Finanz- und Personalmittel zur Verfügung gestellt, ohne dass sie
einen Nachweis bringen musste, was sie mit den Finanzmittel tat. Bei
der neuen Steuerung werden die Finanzmittel mit der Festlegung von
Zielen verknüpft, die die gewünschte Leistung angeben. Die Leistungen
werden als Produkte definiert, denen wiederum Kennziffern zugeordnet
werden. Damit tut sich die Jugendhilfe schwer, unmöglich ist es aber
nicht.

Den Fachbereichen oder Ämtern sollten entsprechend ihrer Produkt-
palette die Budgets zugeteilt werden. Sie erhalten dadurch mehr Verantwortung und Entscheidungsmöglichkeiten. Durch die Kennziffern, so
die Idee, können Quantität, Qualität und Kosten der Produkte besser als
bisher überprüft werden (vgl. Jenner 2004, S. 63 ff).

Zentrales Instrument ist neben der dezentralen Ressourcenverant-
wortung das Kontraktmanagement. Innerbetrieblich dient es der Aus-
handlung und Festlegung von Leistungs- und Finanzzielen und von
Verfahrens- und Leistungskontrollen. Außerbetrieblich handelt es sich
um eine absprache- und vertragsorientierte Kooperation zwischen
kommunaler Verwaltung und externen Gruppen und Organisationen,
wie z.B. freien Trägern der Jugendhilfe. So sollen, stellt Ketschau unum-

wunden fest, „selbstgesteuerte Aktivitäten und Ressourcen dieser Organisationen für die Verwaltung i.S. einer Aufgabendelegation oder Effizienzsteigerung nutzbar" gemacht werden (vgl. Ketschau 2004, S. 39).

Bis vor einigen Jahren galt die Jugendhilfeplanung als zentrales Steuerungsinstrument. Inzwischen gibt es gerade hier starke Bezüge zur Organisations- und Qualitätsentwicklung und zur Verwaltungsmodernisierung (vgl. Jenner 2004, S. 57). Mündner empfiehlt dennoch statt der neuen Steuerungsinstrumente einfach die bestehenden Instrumente der Jugendhilfeplanung konsequenter zu nutzen (Münder 2009, S. 54).

4.8.2 Jugendhilfeplanung als Steuerungsinstrument der Jugendhilfe

Jugendhilfeplanung ist Teil der kommunalen Entwicklungsplanung, nahezu alle Jugendämter verfügen über aktuelle Jugendhilfepläne. Der Jugendhilfeplanung liegt jedoch kein einheitliches Planungsverständnis zugrunde, wie Pluto feststellt (Pluto 2007, S. 374). Die steuernde Funktion der Jugendhilfeplanung besteht darin, dass die Ergebnisse der Jugendhilfeplanung durch Entscheidungen des Jugendhilfeausschusses verbindlich werden und umgesetzt werden müssen.

Die Träger der öffentlichen Jugendhilfe sind zur Jugendhilfeplanung gesetzlich verpflichtet (§ 80 SGB VIII). Sie wird vom Jugendhilfeausschuss realisiert und den Jugendämtern gewährleistet.

„Die Jugendhilfeplanung muss quantitative Rahmenbedingungen definieren und soll diese qualitativ ausgestalten helfen. Sie zielt auf der Grundlage einer Bedarfsfeststellung auf die generelle Bereitstellung erforderlicher Hilfen und die Sicherung sozialer sowie fachlicher Standards unter frühzeitiger Beteiligung der Träger der freien Jugendhilfe." (Deutscher Städtetag und AGJ 1999, S. 7)

Der Stellungnahme des Deutschen Städtetages und der Arbeitsgemeinschaft für Jugendhilfe (AGJ) folgend setzt die Jugendhilfeplanung eine Verständigung über Leitbilder der Jugendhilfe und einer kommunalen Jugend- und Sozialpolitik voraus. Derart können die Hilfeleistungen unter Beteiligung von Kindern, Jugendlichen und ihrer Familien zwischen den Jugendhilfe-Mitarbeitern, den Trägern der Jugendhilfe und mit Verwaltung und Politik zusammen entwickelt werden.

Mit der Jugendhilfeplanung besitzt die Jugendhilfe ein zentrales Steuerungsinstrument, welches jedoch, so die Autoren methodisch noch ausgefeilt werden müsse (Deutscher Städtetag und AGJ 1999, S. 7). Sie empfehlen beispielsweise die Verknüpfung der Daten der Hilfeplanung mit dem der Jugendhilfeplanung zugrundeliegenden Berichtswesen und der Jugendhilfestatistik und die Verknüpfung dieser Daten mit der kommunalen Sozialberichterstattung und weiteren strukturbezogenen Datenbeständen und die Evaluierung der Maßnahmen und Verfahren. Jugendhilfeplanung soll, so Münder, als

> *„soziale (Regional)Entwicklungsplanung einen Beitrag zu einer übergreifenden sozialen Kommunalpolitik leisten … zum anderen ist sie auch zielgruppen- und bereichsbezogene Fachplanung"* (Münder 2009, S. 685).

Als Fachplanung geht es der Jugendhilfeplanung um die Entwicklung von Strategien, um komplexe Aufgaben der Jugendhilfe und der damit verbundenen sozialen Einrichtungen, Dienste und Leistungen (Jenner 2004, S. 10). Die Planungsaufgaben Bestandserhebung, Bedarfsermittlung und Maßnahmenplanung werden in § 80 Absatz 2 SGB VIII mit Zielvorgaben formuliert:

1. Jugendhilfeangebote orientieren sich am familiären und sozialen Umfeld
2. Jugendhilfeangebote gewährleisten ein wirksames, vielfältiges und sozialraumorientiertes Leistungsangebot
3. Jugendhilfeangebote fördern junge Menschen und Familien in gefährdeten Lebens- und Wohnbereichen besonders
4. Jugendhilfeangebote schaffen Bedingungen, die eine bessere Vereinbarkeit von Familie und Erwerbstätigkeit möglich machen.

Jugendhilfeplanung, die den aus den Zielen erwachsenden Anspruch erfüllen will, hat sich, so Jenner, als *„ein Korrektiv zu anderen Planungen …* *zu verstehen"* (Jenner 2004, S. 19). Aus seiner Sicht darf sich eine wirksame Jugendhilfeplanung nicht auf den Bereich der Jugendhilfe allein beschränken, sondern muss weitere Problemlagen einbeziehen.

4.9   Steuerung in der Schule

Im Gesamtsystem Schule stehen diverse Gesetze, Verordnungen, Erlasse oder auch zentrale Tests als Steuerungsinstrumente zur Verfügung. Steuerungshandeln in der Schule ist auf den Gebieten der Zielklärung, der Bestandsaufnahme, der Entwicklungsplanung und ihrer Umsetzung, der internen Evaluation und der Nutzung externer Daten erforderlich.

Wie beschrieben gibt es unterschiedliche Steuerungsmodelle, die grundsätzlich auch für die Schule von Bedeutung sind: Input-, Output und Prozesssteuerung. Zur Inputsteuerung gehören Erlasse und Verwaltungsvorschriften, die beispielsweise die Personal- und Budgetausstattung, die Lehr- oder Bildungspläne oder die Lernzeiten in der Schule regeln. Auf Prozessebene werden Entscheidungs- und Kommunikationsstrukturen in und zwischen den Gremien verändert, Qualitätsmodelle eingeführt. Bei der Steuerung über das Ergebnis stehen die Fähigkeiten und Fertigkeiten der Kinder und Jugendlichen, die die Schule verlassen, im Mittelpunkt und werden in so genannten Leistungsvergleichen zwischen den Schulen festgehalten (vgl. von Saldern 2009, S. 74ff).

Das Steuerung erforderlich machende Aufgabenspektrum der Schule wird von Ilse Kamski und Katja Dieckmann (2009, S. 137) wie folgt beschrieben:

- Ordnungen bilden
- Komplexität reduzieren
- Aufgaben strukturieren
- Informationen vermitteln
- Abläufe regeln

- Kulturen entwickeln
- Phasen managen

Neben den allgemeinen das Gesamtsystem betreffenden Steuerungsinstrumenten, geht es bei der Schulentwicklungsplanung um die Entwicklung der einzelnen Schule. Hans-Günter Rolff definiert Schulentwicklung so:

> *„Schulentwicklung geht von der Einzelschule als Einheit zielgerichteter systematischer und reflexiver Gestaltung aus, wobei Unterrichtsentwicklung, Organisationsentwicklung und Personalentwicklung im Systemzusammenhang gesehen werden und die Entwicklung von Einzelschulen mit der Entwicklung des gesamten Schulsystems gekoppelt ist"* (Rolff 2007, S. 16)

Schulentwicklung ist, so Rolff weiter, „die bewusste und systematische Weiterentwicklung von Einzelschulen. Man könnte diese häufig vorkommende Form von Schulentwicklung intentionale oder Schulentwicklung 1. Ordnung nennen." Als Schulentwicklung zweiter Ordnung oder institutionelle Schulentwicklung bezeichnet er lernende Schulen, „die sich selbst organisieren, reflektieren und steuern." Die komplexe Schulentwicklung oder Schulentwicklung dritter Ordnung meint die Steuerung des Gesamtzusammenhangs, die Festlegung von Rahmenbedingungen, „die einzelnen Schulen bei ihrer Entwicklung nachdrücklich ermuntert und unterstützt, die Selbstkoordinierung anregt, ein Evaluations-System aufbaut und (möglicherweise im Nachhinein) auf Distanz steuert."

Mit Schulentwicklungsplanung werde Rainer Westers (2007) folgend, der äußere Rahmen für zukünftige Entwicklungen abgesteckt. Daraus ließen sich dann die notwendigen baulich-räumlichen und organisatorischen Maßnahmen herleiten. Schulentwicklungsplanung kann also als Standort- und Versorgungsplanung der Schule verstanden werden (vgl. Westers 2007, S. 23). Demnach handelt es sich also eher um eine quantitative, denn qualitative Planung.

4.10 Jugendhilfe- und Schulentwicklungsplanung als Bildungsplanung vor Ort

Die engere Verknüpfung und Abstimmung von Jugendhilfe- und Schulentwicklungsplanung macht als notwendige Voraussetzung und Bedingung von gelingender Kooperation von Jugendhilfe und Schule Sinn. Bislang eher selten finden die Diskussionen über Zielsetzungen im Bildungsbereich auf kommunaler Ebene im Austausch zwischen den beiden System statt: Die Schule stellt bei der Kommune zwar Anträge hinsichtlich ihres Sachaufwandes, die dort dann je nach Haushaltslage positiv oder negativ beschieden werden, doch gibt es in den wenigsten Fällen eine gemeinsam diskutierte und abgestimmte Planung über Bildungsziele.

Der zwölfte Kinder- und Jugendbericht formuliert als Empfehlung den Aufbau einer kommunalen Bildungsplanung:

> *„Erforderlich ist eine kommunale Bildungsplanung, die geeignet ist, die Verengungen und Begrenzungen der Teilsysteme Kinder- und Jugendhilfe sowie Schule zu überwinden und ein konsistentes Gesamtsystem für Bildung, Betreuung und Erziehung im kommunalen Raum zu entwickeln. Dazu sind kommunale Jugendhilfeplanung und Schulentwicklungsplanung zu integrieren sowie mit der Sozialplanung und der Stadtentwicklungsplanung abzustimmen."* (BMFSFJ 2005, S. 351)

Dieses Planungsverständnis erfordere allerdings die Bereitschaft von Kommunen und Ländern, sich auf eine dauerhafte, vor Ort wirksame Steuerung einzulassen, die auch an bisherigen Zuständigkeiten rüttelt, so der deutsche Verein in einer Stellungnahme zur Weiterentwicklung kommunaler Bildungslandschaften.

Der Sozialpädagoge Stephan Maykus hat die beiden – im Übrigen ohnehin kommunal organisierten – Planungsverfahren einander gegenüber gestellt und sieht zumindest vier Ansätze für eine gemeinsame Planung (Maykus 2010, S. 235ff):

1. Die Sozialraumorientierung als gemeinsame Bezugsgröße
2. Die bereits gemeinsam geübte Kooperationspraxis
3. Die beiderseitige Notwendigkeit empirischer Absicherung bildungs-bezogener Planungsprozesse
4. Eine auf Beteiligung basierende qualitativ ausgerichtete Planung

Daraus resultiert ein neues System von Bildung, Betreuung und Erziehung, das Sicht von Maykus einen neuen stärker bildungsbezogenen Planungsauftrag erfordert. Zudem brauche die Veränderung einen praxisrelevanten Antrieb:

> *„Als Motor für die Betonung und Nutzung der Verbindungslinien braucht es konkrete Anlässe und Praxiskontexte, die Planungsrelevanz haben und die Planungsverfahren jeweils an ihre Grenzen führen, die eine Erweiterung und Ergänzung um Planungskonzepte der anderen Seite daher herausfordern und plausibel werden lassen."* (Maykus 2010, S. 236)

Diese neue Planung sollte auf zwei Grundsätzen basieren, die wiederum lokal entwickelt und ausdifferenziert werden müssten (Maykus 2010, S. 240):

1. Auf einer Planungsorganisation, die Schnittstellen zwischen Verwaltungsstrukturen, Fachbereichen und Planungsabläufen herstellt.
2. Auf einem Datenkonzept, welches Ziele der Datenerfassung und -auswertung, Erklärungs- und Hypothesenmodelle und Planungsziele definiert.

Die gemeinsame Planung mündet in einem kommunalen Bildungsbericht, der auf Schul- bzw. Bildungsdaten, Sozialstrukturdaten und Jugendhilfedaten gründet und bildungspolitische und sozialplanerische Ziele verfolgt. Dieser Bericht kann als Basis für kommunalpolitische Entscheidungen dienen und Anregungen für konzeptionelle Veränderungen geben sowie kommunale und ämterübergreifende Planungsprozesse optimieren helfen.

5   Fallstudien

Der Zugang zu einem sozialwissenschaftlichen Erkenntnisertrag basiert in dem vorliegenden Band auf Methoden der qualitativen Sozialforschung. Fallauswahl, Zugänge, Analyseverfahren, Dokumentenauswahl, Aufbereitung und Interpretation folgen den allgemeingültigen Gütekriterien qualitativer Forschung. Die Gütekriterien sind Reliabilität, also die Absicherung der Interpretationen, die Verfahrensdokumentation und die Regelgeleitetheit. Hinzu kommt die Validität, gewährleistet durch die Nähe zum Untersuchungsfeld. Ein drittes Kriterium qualitativer Forschungsverfahren ist die Triangulation, das heißt eine kombinatorische Vielfalt, die über das Setting und Sampling, über die Auswahl der Analyseverfahren, die Fallstudien, aber auch über den mehrdimensionalen Einbezug von dokumentarischem Datenmaterial hergestellt wird (vgl. Flick 2004, S. 300-301). Eine Triangulation dient zunächst der Validierung der Ergebnisse und in einem weiteren Schritt einer Erweiterung der Zugänge zu den Daten. Damit ist gewährleistet, dass das Datenmaterial zu einem auf breiterer Basis angelegten Erkenntnisgewinn führt.

Im Rahmen der vorliegenden Arbeit definiert sich das Forschungsdesign wesentlich über drei Zugänge: semistrukturierte Experteninterviews, dokumentarische Datenanalyse und ergänzend dazu die teilnehmende Beobachtung über die eigene Praxis eines der Autoren. Der empirische Teil der Arbeit folgt dabei einer erfahrungswissenschaftlichen Erkenntnisbildung, die wiederum vor dem Hintergrund einer prozessualen Hypothesenbildung stattfindet.

Das Erkenntnisprinzip der rekonstruktiven Sozialforschung und somit aller qualitativen Forschungsverfahren basiert auf hermeneutischen Verfahren. Rekonstruktive Verfahren verstehen sich als hermeneutische

Verfahren und basieren auf dem Prozess des Verstehens. Roland Hitzler definiert Verstehen als *„jenen Vorgang ... der einer Erfahrung Sinn verleiht"*(Hitzler 1993, S. 223). Verstehen basiert auf emotionalen und kognitiven Prozessen, die Sinn generieren. Sinnkonstruktionen basieren stets auf subjektiv gestaltetem Sinn.

Hitzlers Ausführungen folgend, ist rekonstruktive Sozialforschung als Verstehensprozess, in dem Sinnzuschreibungen stattfinden, zu definieren. Diese Sinnzuschreibungen werden durch Sprache dargestellt. Im Rahmen qualitativer Sozialforschung erfährt der Prozess rekonstruktiver Sinnzuschreibung zusätzlich eine Selbstreflexion darüber, wie dem Verstandenen ein Sinn zuerkannt wurde.

Dabei stellen qualitative Forschungsdesigns drei Anforderungen an die Strategie der empirischen Datenerhebung:

- Voraussetzungen für die Durchführung einer Analyse schaffen,
- Qualität der erhobenen Daten sichern,
- Verfügbarkeit des Materials sicherstellen.

Ziel dieses Forschungsteils ist zunächst die Freilegung der datenbezogenen Kriterien zur Profilierung eines Strategieverständnisses in der Kooperation mit Ganztagsschulen. Die anschließende Würdigung und Sinnzuschreibungen dessen, was die befragten Experten zu den Leitfragen antworteten, erfolgt im Kontext eines wissenschaftstheoretischen Diskurses zu Bildungsbegriff, Bildung als Prozess, Bildungstheorie und Chancengerechtigkeit. Inwieweit diese wissenschaftstheoretischen Fundierungen von der Praxis so wahrgenommen werden und in ihren Entscheidungsprozessen zu einem strategischen Handeln Berücksichtigung finden, sollen Einzelfallanalysen von Interviews, die mit Experten aus der Jugendhilfepraxis und der Sozialarbeit an Schulen aufzeigen.

Die Einzelfallanalyse steht innerhalb der qualitativen Forschung an zentraler Stelle (vgl. Mayring 2002, S. 41). Der Forderung Siegfried Lamneks folgend, wonach *„das qualitative Paradigma bemüht ist, den Objektbereich Mensch in seinem konkreten Kontext und seiner Individualität zu verstehen"* (Lamnek 1989) erlangen Einzelfallanalysen besondere Bedeutung bei der Rekonstruktion relevanter Einflussfaktoren und der Interpretation von Zusammenhängen. Dabei geht es stets um die Betrachtung eines Falls in seiner ganzen Komplexität, also um die Beachtung einer individuellen Lebenslage im unmittelbaren Kontext zu den durch die interviewte Person selbst definierten sozialen Lebensbezügen.

Leitfadengestütztes Experteninterview

Innerhalb der qualitativen Interviewforschung sind die Begriffe der unterschiedlichen Interviewformen nicht eindeutig bestimmt. Ein Grund dafür ist in der Vielzahl ausdifferenzierter Interviewformen zu sehen, ein weiterer Grund liegt in der Vielfalt methodischer Umsetzung. „Das" qualitative Interview gibt es demnach nicht. So werden durchaus unterschiedliche Bezeichnungen für gleiche Formen und Varianten geführt oder, vice versa, für unterschiedliche Formen gleiche Bezeichnungen.

Der Begriff „Leitfadengestütztes Interview„ kann als Oberbegriff für eine bestimmte Art und Weise der Interviewführung verstanden werden. Die Frage, wie stark das Leitfadeninterview strukturiert ist, hängt auch von Forschungsgegenstand und -interesse ab. Im konkreten Fall hat das Interview einen erzähl- und verständnisgenerierenden Charakter. Das heißt, dass Impulsfragen als Redeaufforderungen gestellt werden. Dabei sind diese Fragen (vgl. Interviewleitfragen) sehr offen gestaltet. Im Verlauf des Gesprächs sind Verständnisfragen bzw. Aufrechterhaltungsfragen situativ zulässig und aktivieren die Erzählbereitschaft des Interviewten.

Sichergestellt ist damit, dass das Forschungsinteresse umfänglich bedient wird und subjektive Theorien durch ein breites Datenreservoir rekonstruiert werden können. Der Aufforderungscharakter der Fragen führt dazu, dass vor dem Hintergrund subjektiver Bedeutungen der Befragten selbst die Fragestellung behandelt. Das Experteninterview stellt dabei eine anwendungsfeldbezogene Variation eines Leitfadeninterviews dar. Das Besondere dabei ist nicht die Methode, sondern die Zielgruppe. Die ausgewählten Personen stehen in einem unmittelbaren Zusammenhang zu dem Forschungsvorhaben. Ein phänomenologisch-sinnverstehender Ansatz gegenüber der Gesamtpersönlichkeit steht dabei im Fokus des Projekts. Der Leitfaden erlangt innerhalb des expertisenartigen Charakters von Sinnverstehen und Forschungsinteresse eine steuernde und strukturierende Funktion (vgl. Helfferich 2004, S. 24-31 u. S. 158-164).

Die rekonstruktive Analyse als texthermeneutische Methode orientiert sich an sprachlichen und parasprachlichen Phänomenen. Um der Gefahr einer Reduktion des Textmaterials vorzubeugen, erscheint es sinnvoll, sich nicht von vorneherein auf eine Methode der Lesart zu beschränken. Vielmehr ist einer integrativen texthermeneutischen Analysemethode der Vorzug zu geben. Explikativität und Argumentativität der Auswertung werden dadurch erhöht.

Dem möglichen Vorwurf, wonach eine Integration verschiedener Analysemethoden den Arbeitsaufwand enorm erhöht, kann dadurch begegnet werden, dass sich ein integratives Analyseverfahren auf vier analytische Aufmerksamkeitsebenen und deren Aspekte beschränkt und dementsprechend strukturiert wird:

–   Interaktion: Gestaltung sozialer Beziehungen im Interview, Rollenverteilung,

–   Syntax: sprachlich-grammatikalische Besonderheiten,

–   Semantik: Besonderheiten der Wortwahl, Metaphorik,

–   Erzählfiguren: Erzählfiguren, Stilfiguren, rhetorische Figuren im Redeaufbau.

Im Zusammenhang mit dem Sample des Forschungsprojekts lässt sich ein integratives Verfahren folgendermaßen darstellen:

–   Die Auswertungsphase der Interviews hat prozessualen Charakter (vgl. Glaser; Strauss, 1998). Das wohl gängigste Analyseverfahren rekonstruktiver Sozialforschung kann durchaus auch als Grundlagenverfahren bezeichnet werden, denn andere Analyseverfahren, wie etwa die qualitative Inhaltsanalyse, bauen auf deren methodischer Implikation auf.

– Qualitative Interviews generieren keine objektive Datenquelle, vielmehr bilden sie in ihrer Auswertung eine rekonstruktive Darstellung subjektiv empfundener Wirklichkeit ab. Sie stellen sich als eine Realität ganz eigener Art dar, deren Entstehungsbedingungen, wie beschrieben, selbst Gegenstand der Forschung sind.

Daraus, ergeben sich einige Verfahrensprinzipien für die Arbeitspraxis (vgl. dazu Helfferich 2004) in der qualitativen Sozialforschung:

- Das Erkenntnisprinzip qualitativer Forschung ist das Verstehen, bzw. des Fremdverstehens – Wirklichkeit ist demnach so verstanden eine Sache ihrer Auslegung: Verstehen heißt, einer Erfahrung Sinn zu verleihen.

- Das Offenheitsprinzip umfasst wie oben angeführt die Offenheit gegenüber dem Forschungsgegenstand und auch der angewandten Forschungsmethode und bezieht sich auf die Datenerhebung und die Datenauswertung: Der Sinn soll schließlich aus dem qualitativen Datenmaterial herausgearbeitet und nicht hineingelegt werden.

- Das Kommunikationsprinzip bedeutet, dass die qualitative Forschung ein interaktiver Prozess ist, der ebenfalls reflektiert werden muss.

- Die Erhebungsinstrumente sind selbst bereits komplexe kommunikative Verfahren.

5.1   Forschungsdesign

Methodenauswahl

Grundsätzlich bestimmt in der qualitativen Forschung der Forschungsgegenstand die Forschungsmethode. In der empirischen Untersuchung zu diesem Band lag der Schwerpunkt auf der Generierung von Erfahrungswissen derer, die im Handlungsfeld der Kooperation (Ganztags-) Schule/Jugendhilfe tätig sind. Bei der Methodenwahl fiel deshalb die Entscheidung zugunsten von leitfadengestützten Experteninterviews. Damit sollen die Sichtweisen der Experten im genannten Handlungsfeld zur Geltung kommen. Als Experten werden in der Arbeit jene Menschen angesehen, die

> *„ein besonderes Wissen über soziale Sachverhalte besitzen und Experteninterviews sind eine Methode, dieses Wissen zu erschließen."* (Gläser, Laudel 2004, S. 65)

Bogner und Menz folgend handelt es sich bei der von mir ausgewählten Methode um ein „systematisierendes Experteninterview", in dessen Vordergrund *„das aus der Praxis gewonnene, reflexiv verfügbare und spontan kommunizierbare Handlungs- und Erfahrungswissen"* (Bogner; Littig; Menz 2009, S. 64) steht. Die Experten sollen in dieser Interviewform über objektive Tatbestände aufklären können, sofern sie spezifische Kenntnisse und Informationen besitzen. Um dieses Wissen bei den ausgewählten Personen erheben zu können, musste ein thematischer Leitfaden konstruiert werden. Beim Experteninterview interessiert nicht die Person des Befragten, sondern ihre Eigenschaft als Fachleute für ein bestimmtes Handlungsfeld. Zudem interessieren die Experten nicht als Einzelfall, als Person, sondern sie stehen als Repräsentanten für eine ganze Gruppe. Dass es im Experteninterview gelingen müsse, das Interview und die Befragten auf das interessierende Expertentum zu begrenzen, darauf weist Flick hin (vgl. Flick 2002, S. 140). Scheitern kann ein Experteninterview wenn,

- der Experte das Interview blockiert, weil er kein Experte für das Thema ist
- der Experte den Befrager in aktuelle Konflikte im Arbeitsfeld einbezieht und nicht über das Thema spricht

- ein ständiger Rollenwechsel zwischen Experte und Privatmensch stattfindet, wodurch nicht sein Expertenwissen, sondern seine Person in den Mittelpunkt gerät
- der Befragte sein Wissen in einem Vortrag referiert (rhetorisches Interview), der, wenn er das Thema nicht trifft, den Zweck des Interviews nicht erfüllt.

Auf eine weitere Gefahr des Scheiterns weisen Bogner und Menz hin. Dann nämlich, wenn der Befragte versucht, die Befragungssituation umzudrehen und der Forscher seine Fragen nicht im vereinbarten Zeitraum unterbringen kann. Sie weisen auch darauf hin, dass Experteninterviews nicht selten auch durch subjektive Interpretationen oder strategische Informationsweitergaben geprägt (Bogner, Littig, Menz 2009, S. 78 u. 272).

Auswahl des Feldes

In der vorliegenden Arbeit wurden Schulen und zum Teil auch ihre Kooperationspartner in einem geographisch begrenzten Raum befragt: So wurden Institutionen in Offenburg, Lahr, Waldkirch und Freiburg ausgewählt. Die Kontaktaufnahme erfolgte über Telefonate oder durch persönliche Gespräche. In Vorabgesprächen wurde der Forschungsgegenstand erläutert. Dabei machte ich die Erfahrung, dass die Gesprächspartnerinnen und -partner meinem Anliegen allesamt grundsätzlich offen und positiv gegenüber standen. Zwei der sechs Gesprächspartner waren mir bereits vor den Interviews persönlich bekannt. Je nach Position der Gesprächspartner in ihren Systemen erhielt ich mehr oder weniger konkrete Antworten auf meine Fragen. Aus den beiden kooperierenden Systemen Jugendhilfe und Schule wurden jeweils drei Interviewpartner ausgewählt. Dabei wurden jene Kooperationen ausgewählt, die von den Beteiligten im Vorfeld als erfolgreich oder gelungen bewertet worden waren, auch wenn die Befragten selber zum Teil erst sehr kurze Zeit Kooperation erlebten, bzw. die die Kooperation bereits seit vielen Jahren pflegen und wo vermutet werden durfte, dass es Prozesse

und Erfahrungen gab und gibt, die Rückschlüsse auf den Untersu-
chungsgegenstand zulassen würden. Der Forschungsgegenstand ist dabei, Flick folgend, die soziale Verteilung von Perspektiven auf ein Phä-
nomen oder einen Prozess. Dabei liegt die Annahme zugrunde, dass in
unterschiedlichen sozialen Welten oder sozialen Gruppen differierende
Sichtweisen anzutreffen sind (Flick 2002, S. 271). Um die Gefahr zu mindern, dass es geschlechtsspezifische Präferenzen gibt, wurden jeweils
drei Frauen und Männer ausgewählt. Zudem umfasst die befragte Ex-
pertengruppe auf Seiten der Jugendhilfe eine Person mit Leitungsverantwortung und unmittelbarer Umsetzungskompetenz, eine Person mit
Leitungsverantwortung und einem schulischen Kooperationspartner auf
Stadtteilebene und eine Person mit Leitungsverantwortung und Zustän-
digkeit für ein komplettes Stadtgebiet, also mehrere schulischer Kooperationspartner. Dies sollte insbesondere die vorhandene Heterogenität
des Untersuchungsfeldes abbilden. Darüber hinaus spielte es bei der
Auswahl auch eine Rolle, dass die Arbeit berufsbegleitend verfasst wurde und die Institutionen mit einem vertretbaren Aufwand kontaktiert
und aufgesucht werden konnten. In Offenburg – hier kooperiert die
Schule per Vertrag mit städtischen Partnern – wurde nur eine Vertrete-
rin der Jugendhilfe, in Freiburg – hier gibt es eine Vielzahl von Kooperationspartnern – nur der Vertreter der Schule befragt. In Lahr, wo Schule
und Jugendamt die Kooperationsverträge unterzeichnet haben und in
Waldkirch, wo die Schulsozialarbeit der Stadt mit der Schule kooperiert,
wurden jeweils beide Kooperationspartner befragt.

Expertenauswahl

Jemand wird nicht nur zum Experten, weil diese Rolle ihm oder ihr vom
Befragten zugeschrieben wird – auch wenn natürlich nur jene als Experten interviewt werden, die zuvor vom Forscher als solche identifiziert
wurden. Ein Dilemma, welches in letzter Konsequenz dazu führte, dass
jede/r zum Experten würde und es somit eine gesonderte Interviewform
in der qualitativen Forschung gar nicht mehr bräuchte. Daher haben
Alexander Bogner und Wolfgang Menz den Experten wie folgt definiert:

„Der Experte verfügt über ein technisches, Prozess- und Deu-
tungswissen, das sich auf ein spezifisches Handlungsfeld bezieht,
in dem er in relevanter Weise agiert… Insofern besteht das Exper-
tenwissen nicht allein aus systematisierten, reflexiv zugänglichen
fach- oder Sonderwissen, sondern es weist zu großen Teilen den
Charakter von Praxis- oder Handlungswissen auf, in das ver-
schiedene und durchaus disparate Handlungsmaximen und indi-
viduelle Entscheidungsregeln, kollektive Orientierungen und so-
ziale Deutungsmuster einfließen." (Bogner, Littig, Menz 2009,
S. 73)

Die von mir ausgewählten Experten sollten über das notwendige Expertenwissen hinaus, grundsätzlich bereit sein, für das Interview zur Verfügung zu stehen. Zudem sollten sie sich auf einer Leitungsebene befinden
oder zumindest grundsätzliche Steuerungskompetenz besitzen. Auf
Seiten der Schulen wurden die Kooperationsverantwortlichen, also in
der Regel die Rektoren angefragt, auf Seiten der Jugendhilfe jene die die
Kooperation verantworten, in aller Regel waren dies jene Personen, die
auch die Kooperationsverträge unterzeichnet hatten. In einem Fall setze
die verantwortliche Person zwar die Ganztagsbetreuung um, es gab aber
keinen Kooperationsvertrag, weshalb es hier besonders wichtig war
auch den Kooperationspartner zu befragen. Die Notwendigkeit grundsätzlich immer die Kooperationspartner an bestimmten Schulen zu befragen ergab sich nicht, da es nicht darum ging zu erfahren, ob die jeweiligen Partner ein gemeinsames Interesse oder Verständnis haben. In allen Fällen waren die Interviewten nach telefonischer Kontaktaufnahme
bereit zum Interview und in der Lage ihr Handeln zu beschreiben und
zu reflektieren. Darüber hinaus verfügten die meisten über ein fundier-
tes Fachwissen und Erfahrung in der Kooperation.

Leitfaden

Beim Experten-Interview hat der Leitfaden eine starke Steuerungsfunk-
tion im Hinblick auf das Ausschließen von Themen, die nicht ergiebig

sind bzw. dient er dazu dazu, dem Experten nicht als inkompetenter Gesprächspartner gegenüber zu treten oder Nachfragesituationen ergebnisorientiert führen zu können (vgl. Helfferich 2004). Kennzeichnend für ein Leitfaden-Interview ist, dass die formulierten, mehr oder weniger offenen Fragen in das Interview mitgebracht werden. Der Interviewte soll darauf frei antworten. Im Interview erst entscheidet der Interviewer wann und in welcher Reihenfolge die Fragen gestellt werden: Ob eine Frage bereits beantwortet wurde oder nicht mehr gestellt werden muss, kann nur im Gespräch selber entschieden werden. Das gleiche gilt für etwaige ausschweifende Anmerkungen des Befragten, die möglicherweise im Gespräch unterbrochen werden müssen. Dadurch entsteht die Gefahr der „Leitfadenbürokratie", die den *„möglichen Gewinn an Offenheit und Kontextinformationen einschränkt"* (Flick 2002, S. 143). Aus Sicht von Meuser und Nagel muss der Leitfaden flexibel gehandhabt werden, also nicht als standardisiertes Ablaufschema. Der von mir erstellte Leitfaden folgt einem Strukturprinzip und besteht aus offenen Fragestellungen zu den interessierenden Themengebieten und erlaubt grundsätzlich eine flexible Handhabung. Wichtig bei der Auswahl der Fragen war, dass das Gespräch vom Interviewenden strukturiert werden konnte, ohne dass auf die notwendige Offenheit verzichtet werden musste. Dabei wurde darauf geachtet, dass die Fragen sind eindeutig, unmissverständlich und verstehbar. Die Fragen klingen weder wertend noch aggressiv und wecken keine bestimmten Erwartungen an eine bestimmte Antwort, sie sind weder suggestiv, noch lösen sie Scham- oder Schuldgefühle aus, enthalten keine Präsuppositionen, keine empathischen Kommentare (die allerdings bei den Interviews eine Rolle spielten) und machen keine Deutungsangebote. Zudem enthält der Leitfaden weder Fragen, die auf eine Klärung drängen, keine geschlossenen Nachfragen noch Tabuthemen (vgl. Bogner; Littig; Menz 2009, S. 272). Der Leitfaden folgt in seinem Aufbau der SPSS-Methode (Abb. 10) von Cornelia Helfferich (2004).

Sammeln	In einem Brainstorming werden viele Fragen für den Leitfaden gesammelt.
Prüfen	Diese Fragen werden überprüft, die nicht passenden gestrichen.
Sortieren	Die nun noch übrigen Fragen werden inhaltlich sortiert
Subsumieren	Am Ende werden die geprüften und sortierten Fragen in den Leitfaden ein- und untergeordnet werden.

Abbildung 9:   *SPSS-Methode*
              Quelle: eigen

Aus den vorgenannten Bedingungen heraus generierte ich die Leit- und Hilfsfragen und konstruierte den hier dargestellten Leitfaden:

1. Wie war das mit den Anfängen ihrer Kooperation mit der Schule?
    - Welche anderen Kooperationspartner aus der Jugendhilfe arbeiten noch mit ihrer Einrichtung zusammen?
    - Wie kam die Kooperation zustande (Vorerfahrungen, Ausschreibungen, Empfehlungen)?
2. Beschreiben Sie doch mal den Prozess des Zustandekommens dieser Kooperation.
    - Gab es bereits Vorerfahrungen?
    - Welche Ziele verfolgen Sie mit der Zusammenarbeit?
3. Wie sieht die Kooperation heute in der Praxis aus?
    - Welche Angebote machen Sie an der Schule?
    - Wo sind die Schwerpunkte der Kooperation?
4. Welche formalen Voraussetzungen mussten denn geschaffen oder überwunden werden?
    - Was steht denn in einem Kooperationsvertrag?
    - Wurden konkrete Ziele in einem Vertrag formuliert?
    - Mussten Nebenabsprachen getroffen und abgestimmt werden?
    - Womit wurde eine Verbindlichkeit in der Kooperation erreicht?

5. Wie waren die Erwartungen, die eine solche Kooperation zu erfüllen hatte?

- Welche positiven Folgen hatte die Zusammenarbeit für Mitarbeiter, Lehrer, Leitung, Schüler, Eltern und Kooperationspartner?
- Welche negativen Auswirkungen brachte die Kooperation mit sich?
- Wie wirkt sich das Engagement in der Schule auf Ihre weiteren Aufgabengebiete aus?
- Gibt es systemische Auswirkungen? Werden z.B. andere Arbeitsgebiete zurückgefahren (offene Kinder- und Jugendarbeit, Schulsozialarbeit)?
- Profitieren andere Angebote durch besseren oder direkteren Zugang?

6. Was braucht es aus Ihrer Sicht auf Seiten der Leitung/Steuerung der Jugendhilfe, um Kooperation erfolgreich zu gestalten?

7. Nutzen Sie Instrumente der modernen Steuerung (Zielvorgabe und -kontrolle)?

8. Womit sichern Sie die Qualität der Arbeit ab?

9. Welchen Bildungsbegriff legen Sie einer Kooperation zugrunde?

- Könnten Sie diesen kurz charakterisieren?
- Verwendet die Schule den gleichen Bildungsbegriff?

10. Welche Methoden/Instrumentarien aus der Jugendhilfe setzen Sie ein?

- Gibt es beispielsweise individuelle Hilfepläne für die SchülerInnen?
- Wie realisieren Sie die Beteiligung der Kinder und Jugendlichen?

11. Wie hat sich die Zusammenarbeit mit dem Kooperationspartner im Laufe der Jahre verändert?

12. Was sollte sich aus Ihrer Sicht hinsichtlich der Zusammenarbeit mit der Schule/dem Jugendhilfepartner noch verändern?

- Was sollte sich aus Ihrer Sicht im Jugendhilfe-System, was im System Schule verändern?

- Wo sehen Sie noch welchen Handlungsbedarf in der Zusammenarbeit von Jugendhilfe und Schule?

Interview-Setting

Wie dargestellt, spielt bei der qualitativen Forschung auch die Kommunikation des Fragenden mit dem Untersuchungsfeld und den Beteiligten
eine wichtige Rolle und ist selber ein Bestandteil der Erkenntnis. Zudem
sind die Entstehungsbedingungen selbst Gegenstand der Forschung,
weshalb ich das Setting hier kurz beschreibe.

Grundsätzlich sollen sich die Gesprächspartner beim Experten-Interview in einer vertrauten Kommunikationssituation befinden, um ein
quasi-normales Gespräch führen zu können (vgl. Pfadenhauer 2009, S.
103). Entsprechend fanden die Interviews an den von den Interviewten
vorgeschlagenen Orten statt.

Entsprechend fanden die Interviews an den von den Experten ausgewählten Orten statt, in den Rektoraten der Schulleitungen oder in den
Büros der Jugendhilfe-Vertreter. In einem Fall befand sich das Büro des
Jugendhilfevertreters im Schulgebäude. Die beiden anderen Interviews
mit Vertreterinnen der Jugendhilfe fanden in Gebäuden außerhalb der
Kooperationsschulen statt. Mit dem Aufsuchen am Arbeitsplatz einher
ging allerdings auch die Möglichkeit von ungewollten Unterbrechungen,
was in zwei Fällen geschah. Zudem spielte bei der Interaktion eine Rolle,
dass der Interviewer sich als Co-Experte zu erkennen gab und damit als
gleichberechtigter Kommunikationspartner, da ich davon ausging, dass
es einen gemeinsamen Vorrat an Wissen und Kenntnissen gab, auf den
beide Interviewpartner zurückgreifen konnten. Insbesondere bei den
Interviews mit den Schulleitungen, konnte sich der Interviewer dagegen
auf allgemeine Kompetenzen und Fähigkeiten im Handlungsfeld Kooperation Jugendhilfe-Schule beziehen, was den Befragten einen Wis-
sensvorsprung seitens des Interviewers suggerierte. Die Befürchtung,
auf die Bogner und Menz in diesem Zusammenhang hinweisen, wonach
bei einer derart horizontalen Kommunikationsstruktur nicht mehr sub-

jektive Bewertungen, normative Zielsetzungen und eigene Handlungs-
orientierungen thematisiert werden würden, bestätigte sich nicht.

Interviewverlauf

Nach vorheriger telefonischer Abklärung der grundsätzlichen Bereitschaft zum Interview vor dem Hintergrund der Fragestellung, wurden
Termine am jeweiligen Kooperationsort vereinbart. Vereinbart wurden
ein Vorgespräch und ein ca. 30-minütiger Interview-Zeitraum. In den
Vorgesprächen, die aus praktischen Gründen unmittelbar vor den Interviews stattfanden, wurden mein Anliegen und die Inhalte des Leitfadens
besprochen sowie allgemeine, organisatorische Fragen geklärt. Außerdem wurde die Einwilligung in die Aufzeichnung der Gespräche einge-
holt. Das Interview wurde mit einem digitalen Voice-Recorder aufge-
zeichnet. Vor einem Interview kam es auf Grund einer kurzen Ver-
spätung zu einer zeitlichen Verzögerung des Gesprächs, was wiederum
zu einer deutlichen Missfallenskundgebung des Befragten führte. Das
Angebot, dass Interview unter diesen Umständen nicht führen zu müssen, lehnte die Person ab. Aus der Bereitschaft, das Interview trotz der
deutlich angespannten Stimmungslage führen zu wollen, leitete ich eine
hohe Motivation zum Interview ab. Diese Erfahrung blieb eine singuläre:
Allen anderen Befragten hatten Zeit für das Gespräch und waren gerne
bereit mit Auskunft über ihr Arbeitsfeld in der Kooperation zu geben.
Dabei erwies sich der Leitfaden als wichtige Hilfe, um jene Inhalte zu
besprechen, die ich für die Bearbeitung des Themas als bedeutsam ein-
schätzte. In den meisten Gesprächen entwickelten sich neue Fragen,
bzw. gab es auch auf Seiten der Befragten Erkenntnisse, die sich insb. auf
Kenntnis der Jugendhilfeangebote und die Qualitätssicherung der Kooperationen beziehen. Nach den Interviews folgten mehr oder weniger
kurze Abschlussgespräche, während denen ich die Befragten die Einwil-
ligungserklärung unterzeichnen ließ.

5.2   Auswertung

Grundlage für die Auswertung waren die Transkripte der sechs kom-
pletten mit digitalem Voice-Recorder aufgezeichneten Interviews. Bei
der Transkription wurde darauf verzichtet, die sprachliche Organisation
mit aufzuzeichnen. Dies geschah vor dem Hintergrund der von Flick
beschriebenen Angemessenheit des Vorgehens: Bei Fragestellungen, bei
denen die Sprache lediglich das Medium zum Austausch, bzw. Trans-
port von Inhalten ist, sind aus einer Sicht *„übertriebene Genauigkeitsstan-
dards nur in Sonderfällen gerechtfertigt"* (Flick 2002, S. 253).

Die Auswertung der Experten-Interviews orientierte sich an inhaltlich zusammengehörenden thematischen Einheiten, die über die Texte
verstreuten Passagen, nicht an der Sequenzialität von Äußerungen. Die
Äußerungen sind *„im Kontext ihrer institutionell-organisatorischen Hand-
lungsbedingungen verortet"* (Meuser; Nagel 2009, S. 56) und sind nicht
ausschließlich in semantischen Kontexten auswertbar und erhalten ihren
Sinngehalt nicht von der Stelle an der welcher sie im Interview gefallen
sind. Nach der Transkription wurden die Interviews in einem zweiten
Schritt inhaltlich zusammengefasst, auf ihre für die Fragestellung inte-
ressanten Teile hin analysiert und anonymisiert. Diese Kurzbeschrei-
bung wurde bei der Auswertung kontinuierlich überprüft und auch
modifiziert, z.B. wenn weitere Perspektiven aus den Ursprungstexten
einflossen, weil der Vergleich der Texte diese Möglichkeit ergeben hat.
Aus den Zusammenfassungen der leitfadengestützten Interviews wurden die paraphrasierten Passagen dann thematisch sortiert und insgesamt acht Kategorien zugeordnet, unter die sich die auf Grundlage der
Forschungsinhalte wesentlichen Inhalte subsumieren ließen. Die Interpretation der Daten aus den beiden Systemen orientierte sich an dem
von Flick beschriebenen Verfahren des thematischen Kodierens mit dem
Ziel, die Perspektiven auf die Kooperation der beiden Systeme aus der
jeweils eigenen Perspektive zu beleuchten und zu deuten. In jeder der
Kategorien ist das Besondere des gemeinsam geteilten Wissens von Experten verdichtet und explizit gemacht. Damit werden Aussagen über
die Strukturen des Expertenwissens getroffen, wodurch theoretische

Diskussionen angestoßen werden können. Die Verallgemeinerung bleibt aber auf das vorliegende Material beschränkt (vgl. Meuser; Nagel 2009, S. 57).

Auswertungskategorien:

	Kategorie
1	Kooperationsanlässe und Impulse
2	Kooperationsgrundlagen: Verträge und Konzepte
3	Realisierung von Beteiligung und Freiwilligkeit
4	Kommunikation im Vorfeld der Kooperation am Bildungsbegriff
5	Qualitätssicherung
6	Veränderungen durch Kooperation
7	Kooperationshindernisse und Veränderungsbedarfe
8	Bedingungen, die zum Gelingen der Kooperation beitragen

Abbildung 10:   Auswertungskategorien
Quelle: eigen.

5.3   Die Interviewpartner

Interview 1: Kooperation ganzheitlich

Der Interviewpartner ist Angestellter bei einer Kommune, die zugleich Schulträger ist und arbeitet als Schulsozialarbeiter an der Kooperationsschule, einer Werkrealschule, die als Ganztagsschule in gebundener Form firmiert. Er koordiniert neben seinen Aufgaben als Schulsozialarbeiter den Bereich der von ihm als Ganztagsschulpädagogik bezeichneten Ganztagsschulbetreuung. Er arbeitet in einem Team aus teilzeitbeschäftigten pädagogischen Fachkräften und Honorarkräften. Die Kooperation besteht in dieser Form seit 2004, als in der Hauptschule eine Ganztagsschule entstanden ist. Seitdem ist der Interviewpartner in diesem Aufgabengebiet. Er bewertet die Schulsozialarbeit nicht als externen

Kooperationspartner und verfolgt mit der Kooperation ganzheitliche Ziele.

Interview 2: Schule als sicherer Ort

Die Interviewpartnerin ist Diplom-Sozialpädagogin und Sozialmanagerin und leitet seit zwei Jahren ein Familienzentrum mit den drei Arbeitsbereichen Kindertagesstätte, Gemeinwesenarbeit und Schulkind- und Jugendarbeit. Das Team des Schulkind- und Jugendbereiches ihrer Einrichtung kooperiert in unterschiedlicher Form bereits seit 1997 mit der Stadtteilschule, seit 2005 in der Betreuung an der Ganztags-Haupt- bzw. Werkrealschule, wobei die gebundene Form seit dem Schuljahr 2010/2011 umgesetzt wird. Sie sieht die Hauptaufgabe der Kooperation darin, den Kindern an der Schule einen sicheren Ort geben zu können.

Interview 3: Schule und Jugendhilfe – Zielgruppenaffinität

Die Interviewpartnerin ist Diplom-Soziarbeiterin und fungiert als Sachgebietsleiterin des kommunalen sozialen Dienstes und zuständig für einen Stadtbezirk und arbeitet in dieser Funktion seit 1994. Sie unterzeichnet im Auftrag des Kreises die Kooperationsvereinbarungen mit den Schulen. Der Kreis finanziert u.a. Schulsozialarbeiter an den Kooperationsschulen. Die fallbezogene Kooperation mit den Schulen der Stadt wird bereits seit 1976 praktiziert. Schule und Jugendhilfe haben aus ihrer Sicht eine gemeinsame Zielgruppe, die die Kooperation notwendig macht. Das Interview wurde im Büro der Sachgebietsleiterin in der Außenstelle des Landratsamtes geführt und dauerte 38 Minuten und 39 Sekunden. Zwischenzeitlich wurde das Interview kurz unterbrochen, weil es eine akustische Störung gab.

Interview 4: Kooperation professionalisiert

Der Interviewpartner ist Lehrer und seit vier Jahren an einer Stadtteil-Ganztagsschule tätig. Er ist seit diesem Schuljahr kommissarischer Schulleiter. In der Schule werden insgesamt 370 Schülerinnen und Schüler betreut, 200 davon in der Grundschule, 170 Schülerinnen und Schüler besuchen die Werkrealschule. Die Klassen 5 bis 9 werden als Ganztagesschule geführt. Die Schule kooperiert mit mehreren Partnern aus der Jugendhilfe, die zum Teil seit mehr als zehn Jahren funktionieren. Kooperation erfolgt für ihn unter dem Aspekt der weiteren Professionalisierung der Schule.

Interview 5: Kooperation entlastet

Die Interviewpartnerin ist Lehrerin und seit diesem Schuljahr Schulleiterin in einer Ganztagsgrundschule mit 280 Schülerinnen in vierzehn Klassen. Die Kooperation mit dem Jugendamt besteht in dieser Form seit Schuljahresbeginn, jedoch gab es bereits davor verschiedene Kooperationsbeziehungen. Aus ihrer Sicht entlastet die Kooperation die Schule, bedeutet aber eine höhere Arbeitsbelastung für die Lehrer.

Interview 6: Kooperation als Beziehungsphänomen

Der Interviewpartner ist Lehrer und seit Schuljahresbeginn 2010/2011 Schulleiter an einer Ganztags-Werkrealschule. Die Kooperation besteht in dieser Form seit 2004, als in der damaligen Hauptschule eine Ganztagsschule eingerichtet wurde. Er hat an verschiedenen Schulen unterschiedliche Erfahrungen mit Kooperationspartnern gemacht, Kooperation hängt für ihn mit Personen und den Beziehungen zu ihnen zusammen.

5.4 Erkenntnisertrag

Kooperationspartner aus der Jugendhilfe

Die in den Interviews genannten Aufgabenbereiche der Kooperationspartner lassen sich den von der Kultusministerkonferenz und AGJ beschriebenen acht Aufgabenbereichen der Zusammenarbeit zuordnen
(Krüger, Stange 2009, S. 14):

	Aufgabenbereich	Genannter Kooperationspartner
1	Tageseinrichtungen für Kinder und Schule	Heilpädagogischer Hort Hort
2	Freizeit und interessengebundene Angebote (schulbezogene Angebote der Jugendarbeit)	Abenteuerspielplatz Jugendzentrum Stadtteil- und Familienzentrum Verbandsjugendarbeit Vereinsjugendarbeit
3	Übergang von Schule in Ausbildung	Schulsozialarbeit
4	Erzieherischer Kinder- und Jugendschutz	kommunaler sozialer Dienst Kreisjugendamt
5	Kinder und Jugendliche in besonderen Problemlagen	Evangelische Jugendhilfe
6	Schulsozialarbeit und schulbezogene Angebote der Kinder- und Jugendhilfe	Kommune (Träger) Deutsches Rotes Kreuz (Träger)
7	Erzieherische Hilfen	Schule für Erziehungshilfe
8	Erziehungs-, Jugend- und Familienberatung	Erziehungs- und Beratungsstelle Jugendberatung psychologische Beratungsstelle

Abbildung 11: Aufgabenbereiche Kooperationspartner
Quelle: in Anlehnung an Krüger, Stange 2009.

Art und Zahl der Kooperationspartner hängen ab vom Lebensalter der
Adressaten, der Schulstufe, dem Schulstandort, dem Vernetzungsgrad

der Schule und/oder des Kooperationspartners. Die Kooperationsformen sind in ihrer Gestaltung und Qualität von den Voraussetzungen am Kooperationsort abhängig, die Infrastruktur der jeweiligen Kommune spielt wohl ebenso eine zentrale Rolle bei der Auswahl der Kooperationspartner, wie die Schulform: So nannte beispielsweise ein interviewter Schulleiter einer Werkrealschule acht Partner aus der Jugendhilfe, seine Kollegin aus der Grundschule nur einen, nämlich den kommunalen sozialen Dienst.

Dies steht möglicherweise zum einen im Zusammenhang mit den besonderen und vielfältigen Anforderungen der Adressatengruppe in der Sekundarstufe I, während bei Grundschulkindern eher das Kind selber und seine Familie im Fokus der Betrachtungen durch die Schule steht und die Hilfen v.a. in diese Richtung zielen. Zum anderen ist zu konstatieren, dass die Vielfalt an Angeboten in größeren Städten und die Vernetzungsstruktur ausschlaggebend für die Auswahl und Zahl der Kooperationspartner ist und wie es die Ergebnisse aus den vier Städten nahe legen.

Die Interviewpartner/innen benannten eine Reihe von unterschiedlichen Kooperationspartnern aus der Jugendhilfe. Dabei wurde der allgemeine oder kommunale soziale Dienst als Kooperationspartner von allen Befragten genannt. Diesen Diensten wird eine besonders bedeutsame Rolle bei der Problembearbeitung zugeschrieben, sie werden aber auch entsprechend kritisch betrachtet, v.a. dann, wenn die Problembearbeitung nicht den Vorstellungen des Kooperationspartners aus der Schule entspricht.

Schulsozialarbeit gibt es an allen Befragungsorten, wobei sie an drei Standorten von öffentlichen Trägern (Stadt oder Kreis) realisiert wird. An einem Ort wird Schulsozialarbeit von einem freien Träger verantwortet. In einem Fall bezeichnete sich der Interviewpartner aus der Jugendhilfe, der selber auch als Schulsozialarbeiter fungiert, nicht als externen Partner, sondern als Teil der Schule, obwohl seine Stelle von der Kommune finanziert wird. Die enge Verzahnung der Schulsozialarbeit mit dem System Schule und damit ihrer (Nicht- oder Schwach-)Wahrnehmung als Kooperationspartner aus der Jugendhilfe konnte zudem an zwei weiteren Standorten eruiert werden.

Die Bedeutung der Kooperationspartner aus der Jugendhilfe hängt ab von der Dauer der Zusammenarbeit und den gemachten Erfahrungen, also von der von der Schule diagnostizierten Qualität, die in der Regel den Entlastungsgrad widerspiegelt und von der systemimmanenten Bedeutung für die Problembearbeitung, wie sie z.B. der Soziale Dienst hat, dessen Aufgaben im System Jugendhilfe nur von ihm wahrgenommen werden können.

An zwei der vier befragten Schulstandorte vermitteln die Jugendhilfe-Kooperationspartner zudem weitere Kooperationspartner aus den Sozialräumen (wie z.B. Vereine oder Verbände), in einer Stadt ist die Schule zudem eigenständig und vielfältig vernetzt.

Kooperationsanlässe und Kooperationsimpulse

Kooperationsanlässe sind Indikatoren für die Art der Zusammenarbeit. Dort, wo beispielsweise nur im Zusammenhang mit adressatenbezogenen Problemlagen zusammengearbeitet wird, scheint die institutionelle Kooperation noch entwicklungs- und ausbaufähig zu sein. Dieser Eindruck entstand zumindest an zwei der untersuchten Schulstandorte.

Die Kooperation ergibt sich, wie bereits dargestellt, aus den Anforderungen an den Erziehungs- und Bildungsauftrag der Schule: Die Entwicklungschancen und -möglichkeiten für Kinder und Jugendliche in der Schule sollen durch sozialpädagogische Kompetenzen erweitert werden, Defizite der familiären Erziehung und soziale Benachteiligungen sollen angemessener bearbeitet werden können. Zudem sind Synergieeffekte durch die Nutzung personeller, räumlicher und finanzieller Ressourcen gewünscht.

Zwar konnten diese aus dem Literaturstudium entnommenen Kooperationsanlässe durch die Befragungen bestätigt werden, doch scheint die Schule vor allem den „Reparaturbetrieb Jugendhilfe„ in den Blick zu nehmen, wenn sie Kooperationen anstrebt, während die Jugendhilfe-

Einrichtungen an den Standorten entweder einem politischen Auftrag umsetzen und/oder Synergie-Effekte durch die Kooperation anstreben.

Zwar war es in der Befragung nicht möglich, die tatsächlichen Ursprünge der Kooperationen zu eruieren, doch ist davon auszugehen, dass es immer Problemlagen in der Schule waren, die am Anfang der Kooperationsbeziehungen standen. So gesehen hat die Jugendhilfe an den befragten Schulstandorten bisher stärker auf äußere Reize reagiert, als System aber keine Strategie für die Zusammenarbeit entwickelt:

- Der Wunsch nach Zusammenarbeit ergibt sich für die Schule aus einer Problemlage in der Schule heraus: Entweder es gibt Schwierigkeiten im Einzelfall oder auch einen Betreuungsbedarf, den die Schule nicht abdecken kann und will: Jugendhilfe soll Schule bei Problemlagen entlasten. Dementsprechend scheinen Kooperationen ohne benanntes „Grundproblem" für Schulen nicht interessant. Diesen Kooperationsanlass nannten alle der drei befragten Schulleitungen, wenn auch, wie im Interview 4, mit Einschränkungen hinsichtlich weiterer Anlässe.

- Kooperationswünsche kommen, so legt das Interview 4 nahe, durchaus auch von Einrichtungen der Jugendhilfe, die einen Handlungsbedarf sehen, z.B. wenn die gleiche Adressatengruppe versorgt werden soll oder, wie im Interview 3 eine den sozialen Diensten bekannte Problemlage bearbeitet werden soll.

- In einem Fall schrieb die Kommune, die zugleich Schulträger ist, zusammen mit der Arbeitsagentur ein Projekt zentral aus und wies den kooperierenden Schulen dann den jeweiligen Kooperationspartner für dieses Projekt zu.

- Jugendhilfe wird als Dienstleister wahrgenommen: Seitens der Schule wird ein systemkompetenter Partner gewünscht, eine so genannte Koordinationsstelle, die Angebote der Jugendhilfe bündelt und sie im Bedarfsfall der Schule zur Verfügung stellen kann.

- Es gibt einen politischen Auftrag, der durch die Kooperationsbemühungen umgesetzt werden soll und der Synergieeffekte erzielen soll
- Die Arbeit mit der gleichen Adressatengruppe und ihren Familien
  macht die Kooperation notwendig.
- Kooperation entsteht aus politischen Vorgaben: Das 2003 installierte
  Investitionsprogramm „Zukunft Bildung und Betreuung" hat an vielen Schulen zu einer Kooperation mit Partnern aus der Jugendhilfe
  geführt.

Dass es vor allem anderen Problemanzeigen der Schule waren oder sind,
auf die die Kooperationspartner aus der Jugendhilfe reagiert haben,
wird als These durch diesen Interviewpartner gestützt, der über ein um-
fangreiches Erfahrungswissen verfügt. Er begründet den Kooperationsanlass aus den frühen 1990er Jahren. Es war die Zielgruppe der Kinder
aus Zuwandererfamilien mit Problemlagen, die sich in der Schule be-
merkbar machte und worauf hin der Soziale Dienst auf die Schulen zu-
ging. Allerdings erst, *„nachdem sich abzeichnete, dass die Fall-Lage immer
komplexer wurde und die elterliche Kompetenz nimmt immer mehr abnahm."*
(I- 3, Zeilen 38-42).

Verträge und Konzepte als Kooperationsgrundlage

Schriftlich getroffene Vereinbarungen stellen die Grundlage für die Kooperation der beiden Partner dar. Auf Grundlage der aus den Interviews
generierten Daten gibt es bei allen Interviewpartnern verschriftlichte
Konzepte, die eine Aussage darüber treffen, wie die Kooperation realisiert werden soll und welche Ziele damit verfolgt werden. Die auf dieser
Basis erstellten Verträge erfüllten nur in einer Stadt einige Vorgaben
eines Kontraktmanagements, so wie es im neuen Steuerungsmodell beschrieben wird: Aus Interview 4 geht hervor, dass es hier verschiedene
Kooperationsverträge gibt, in denen Ziele festgehalten und zur Verfügung stehende Finanzmittel beschrieben sind. An keinem der befragten

schulischen Standorte wurden aber Leistungs- und Finanzziele ebenso wie Verfahrens- und Leistungskontrollen vertraglich festgehalten.

- Fünf der sechs Befragten gaben an, dass es zwischen den Kooperationspartnern einen Vertrag gäbe, in einem Fall wurde ein „Grund-Ethos" mit der Stadt beschrieben, der wohl eine Art Kooperationsvertrag darstellt (I- 4, Zeilen 141-150).
- Die hierarchische Ebene der Vertragsgestaltung und Vertragsunterzeichnung war auf Seiten der Jugendhilfe unterschiedlich, während auf schulischer Seite immer die Schulleiter als Vertragspartner fungierten.
- Eine schriftliche Vorab-Fixierung der gemeinsamen Kooperationsziele und eine Vereinbarung über die Ergebniskontrolle wurden nur an einem Standort praktiziert.
- Die Inhalte und Umfänge der Kooperationsverträge weichen stark voneinander ab. Es gibt aber wohl immer gemeinsam erarbeitete Konzepte, die hinter den Kooperationsverträgen stehen, die als Grundlage für die Vertragsgestaltung dienen.
- In einem Fall gibt es eine schriftliche Vereinbarung, in der die Zielfestlegung an die Zuwendung von Finanzmitteln gekoppelt ist.
- Es gibt unbefristete und zeitlich befristete, dann meist projektbezogene Kooperationen. Kooperationen sind aber grundsätzlich zumeist auf Dauer angelegt; ihre tatsächliche Dauer hängt auch eng mit der Qualitätsbewertung zusammen.

Realisierung von Beteiligung und Freiwilligkeit

Die Realisierung von Beteiligung ist zeitaufwändig und steckt auch in Ganztagsschulen im wahrsten Sinne noch in den Kinderschuhen. Partizipation beschränkt sich in der Schule weit gehend auf symbolische Handlungen und hat selten Auswirkungen auf die Organisation. Von dem Anspruch, dass „Schüler Schule gestalten" ist die Realität noch weit entfernt.

Diese Befunde können durch die Ergebnisse der Befragung zumindest nicht wiederlegt werden, erfahren sogar eher eine Bestätigung:

- Beteiligung wird seitens der Schule als „Sozialarbeitersache" gesehen, dies wird auch so formuliert (I- 5, Zeile 366-369 und I-6, Zeilen 330-337).
- Im System Schule ist der Jugendhilfe-Grundsatz der Freiwilligkeit nur bedingt durchsetzbar. In Betreuungssituationen wird dieser Grundsatz im Hinblick auf die Auswahl von Angeboten aber weitgehend gewährt.
- Beteiligung wird an einer Schule bei Auswahl von inhaltlichen Schwerpunkten im Unterricht (Wahlpflichtfächer) realisiert. Dies geschieht dort auch aus der Erkenntnis heraus, dass man die Kinder und Jugendlichen mitnehmen müsse (I- 4, Zeilen 324-329).

Beteiligung wird von den befragten Schulen als Auswahl- und Entscheidungsfreiheit beispielsweise bei Projekt- oder bei der Angebotsauswahl verstanden, die Vertreter/innen der Jugendhilfe an zwei der befragten Schulstandorten geben sich offensichtlich Mühe die Beteiligung durch regelmäßige Befragungen sicherzustellen. Strukturelle Veränderungen auf Grundlage des Beteiligungsprinzips gibt es aber keiner der Schulen.

Kommunikation im Kooperations-Vorfeld am Beispiel des Bildungsbegriffs

Soziale Arbeit agiert für jene, die im Bildungswesen oft die Verlierer sind, sie sieht das Bildungswesen also eher von außen und unten, stellt Thiersch fest und meint zudem, dass die in der Sozialpädagogik stattfindende Diskussion um den Bildungsbegriff außerhalb des Systems weitgehend unbemerkt bleibt (vgl. Thiersch 2009, S. 26).

Tatsache ist, dass Bildung von Vertretern aus Jugendhilfe und Schule nicht unbedingt im gleichen Sinne interpretiert wird und wird dennoch

oft als gemeinsamer Auftrag und sogar als Begründung für die Kooperation genannt. Die schwierige Frage nach dem Bildungsbegriff, der zudem relativ spontan geäußert werden musste, diente daher eher als In-
diz für Intensität der Kommunikation, bzw. der Auseinandersetzung mit
der Kooperation im Vorfeld ihrer Realisierung.

Denn wenn Jugendarbeit an der Schule auch Bildungsarbeit machen
will, z.B. weil sie sich beispielsweise nicht auf eine seitens der Schule
gewollte Betreuungs- und Systemreparatur-Instanz reduzieren lassen
will, hat sie sich denn mit dem Begriff auseinandergesetzt und ihn mit
der Schule kommuniziert, vielleicht sogar diskutiert? Nicht alle Befragten gaben auf die Frage eine Antwort, die gesammelten Antworten aber
sind sehr alltags- und lebensweltorientiert und beschreiben zudem ge-
sellschaftspolitische Forderungen. Allerdings kann auch festgehalten
werden, dass der Bildungsbegriff an keinem der befragten Schulstandorte im Vorfeld der Kooperation diskutiert wurde. Nur an einem Ort wurde der Begriff kontrovers im Zuge einer Neuorganisation der Kooperation diskutiert (I-2, Zeile 97, Zeilen 336-373).

- Soziale Arbeit und Sozialpädagogik sind auch immer ein Stück weit
  Bildungsarbeit. Der Bildungsbegriff ist der eines ganzheitlichen, der
  den ganzen Menschen im Blick hat und nicht nur so ein punktuelles
  schulisches Funktionieren. Bildung muss die Basisqualifikation für
  alle Menschen sein und der Zugang dazu muss frei sein. Bildung
  heißt auch z. B. ein Karateprojekt zu machen, über das die Schüler
  lernen sich in emotionalen und körperlich anstrengenden Extremsi-
  tuationen zurückzunehmen statt aggressiv zur reagieren. Bildung
  heißt aber auch Lernen von Schülern (I-1, Zeile 349-358).

- Bildung fängt da an, dass sich ein Kind an einem sicheren Ort befin-
  det, den es in der Regel in der Familie hat. Ein Kind, was nicht sich
  sicher fühlt und entspannt ist, kann schlicht und ergreifend nicht
  lernen. Da gibt es Schlüsselqualifikationen, die man fürs Leben
  braucht, und weiteres ist selbstständiges Lernen zum Beispiel, lernen von so einfachen Dingen wie, sich-konzentrieren-können oder

am Platz sitzen, die Lesefähigkeiten und so weiter, also da reiht sich dann einiges an Themen an, die einfach so eine Grundlage erst mal dafür bilden, sich für Bildung öffnen zu können und im Bildungsprozess den Anschluss nicht zu verlieren (I-2, Zeilen 341-352)

- Es handelt sich um einen weit gefassten Bildungsbegriff, der über das Lernen, Aneignen von Wissen hinausgeht, der die soziale Integration, also das soziale Miteinander zwischen den Kulturen und zwischen den Religionen beinhaltet (I-4, Zeilen 203-206).

- Die Bildungsvorstellungen der Schule wurden in ein Leitbild gefasst. Das Leitbild hat den ganzheitlichen Aspekt, dass das Kind in allen seinen Situationen begleitet wird, also sowohl im Lernen, im individuellen Lernweg, als auch im Umfeld. Der Bildungsbegriff umfasst die ganze Persönlichkeit. Das Leitbild hängt im Lehrerzimmer (I-5, Zeilen 199-206).

- Im Prinzip orientiert sich die Schule an dem Humboldt'schen Bildungsbegriff und einer ganzheitlichen Betrachtungsweise. Es fließen noch viele Dinge rein, wie Piaget oder Pestalozzi aber es geht immer um das ganzheitliche Lernen und um die Entwicklung des Individuums als Vorbereitung auf das Leben (I-6, Zeilen 227-233).

Qualitätssicherung

Es gibt einen Grundkonsens bei allen Befragten dahingehend, dass Qualität in der Kooperation wünschenswert und Evaluationen daher notwendig seien. Dennoch gibt es bislang an keinem der befragten Schulstandorte strukturierte Auswertungen oder Ziel- und Ergebniskontrollen. Diese finden eher punktuell oder unsystematisch statt (I-1, Zeilen 311-317 I-3, Zeilen 313-315). Dies hängt auch damit zusammen, dass es (fast) keine verbindlich vereinbarten Ziele in den vorhandenen Kooperationsverträgen gibt oder man sich dazu im Vorfeld der Kooperation gemeinsam verständigt hätte. Zudem fehlen zeitliche und personelle Res-

sourcen. Dennoch gibt es durchaus qualitätssichernde Maßnahmen insbesondere im Hinblick auf das Personalmanagement bei den Befragten:

- Der Gemeinderat stellt zweckgerichtet Geld zur Verfügung. Es gibt
  daher Zielvorgaben, die anhand von Kennzahlen überprüft werden
  (I-1, Zeilen 288-294).
- Ein wichtiger Faktor der Qualität ist, dass es um Menschen geht und
  es im Team eine gute Atmosphäre gibt, dass der Bedarf jedes einzelnen Mitarbeiters erfüllt wird (I-1, Zeilen 306-309).
- Die Qualitätssicherung erfolgt auch durch verschiedene Personalin-
  strumente, wo mit den in der Kooperation eingesetzten Mitarbeitern
  Qualitätsstandards abgesprochen und überprüft werden (I-2, Zeilen
  258 und 280-286).
- Die Evaluation ist noch kein Bestandteil in den Kooperationsvereinbarungen, es wird aber regelmäßig und permanent evaluiert, indem
  die Kooperationskultur angeschaut wird, was erreicht wurde. Kennzahlen oder konkret überprüfbare Ziele gibt es bis jetzt nicht (I- 1,
  Zeilen 157-170).
- Es gibt keine festgeschriebenen Procedere oder Muster wie der Erfolg der Zusammenarbeit evaluiert oder dokumentiert wird. Es fehlt
  die Zeit für eine durchaus wünschenswerte Qualitätssicherung (I-6,
  Zeilen 175-177).
- Die Evaluation ist noch nicht in Gang gekommen, müsste aber natürlich sein (I-5, Zeilen 187-188).

Veränderungen durch Kooperation

Die Kooperation hat Auswirkungen auf die beiden Institutionen Schule
und Jugendhilfe, auf die darin agierenden Professionen, auf ihre Zusammenarbeit, auf die gegenseitige Wahrnehmung und Wertschätzung,
auf die Adressaten und ihre Familien und auf die Unterrichtsgestaltung:

- Vielen Lehrern wurde erst später bewusst, was wir hier eigentlich machen, dass wir nicht rumhampeln, sondern uns wirklich etwas dabei denken (I-1, Zeilen 364-368)
- Veränderungen orientieren sich an den Personen. Durch Personalveränderungen mussten auch Prozesse neu gestaltet werden (I-2, Zeilen 414-420)
- Für die Kooperation ist es ein natürliches Zusammenwachsen und Reingucken in den Alltag des Anderen. Wir schauen heute anders auf die Arbeit, die die Lehrer die letzten Jahre dort gemacht haben und umgekehrt auch. Die Eltern haben die Ganztagsschule angenommen. Wir haben in der offenen Arbeit Erweiterung erfahren, was aber viel damit zu tun hat, dass ein Team hier ist, was gerne weiterentwickelt. Und so sind mehr Angebote für Jugendliche herausgekommen als weniger und das wäre auch unser Anliegen in der Weiterentwicklung. Mit den Kindern und Jugendlichen teilen wir noch mal eine Ecke mehr Alltag und ich finde es beachtlich, dass es bis jetzt auch gelungen ist, dadurch eine Beziehung eher zu stärken und nicht die Abgrenzung der Jugendlichen zu provozieren. (I-2, Zeilen 184-187, 216-236).
- Die Erwartungen an den jeweils anderen sind etwas transparenter geworden und dass man eher miteinander eher an einem Strang zieht, und es einen gewissen Synergieeffekt bei manchen Schulen gibt. Kooperation ist personenabhängig und hat sich an verschiedenen Schulen partnerschaftlich und entwickelt. Hin und wieder mal ist man frustriert, weil die Profile noch immer unklar sind und die Jugendhilfe unter Druck gerät, weil die Schule spät anruft und dann der Jugendhilfe kurz vor den Ferien den Auftrag zum Handeln gibt (I-3, Zeilen 43-445).
- Das System Schule hat sich verändert, die Lehrer arbeiten sozialpädagogischer. Schule und die Partner handeln professioneller und zielorientierter. Es gibt eine beidseitige Erkenntnis, dass man zur

Kooperation im Sinne der Kinder verdammt ist. Die Kooperation der Systeme ist ein fester Bestandteil der täglichen Arbeit und die gegenseitige Akzeptanz hat zugenommen. Die einzelnen Institutionen kommen an ihre Grenzen, sind überfordert, um erfolgreich zu sein, muss man mit den anderen arbeiten, sonst kann man nicht mehr erfolgreich arbeiten (I-4, 366-380).

-   Die Kooperation entlastet die Schule, bedeutet aber andererseits eine höhere Arbeitsbelastung für die Kolleginnen: runde Tische, KSD-Gespräche und Gespräche mit der Sozialarbeit finden zusätzlich zum Unterricht statt. Andererseits entlastet diese Kooperation enorm. Also, da ist dieser unterschiedliche Blickwinkel, der ist dann auch sehr befruchtend. Die Zusammenarbeit wurde intensiver, die Mitarbeiter des Jugendamtes sind bekannter bei den Lehrern. Auch das Verständnis für die Arbeitsweise der KSD-Mitarbeiter ist gewachsen und dass nicht jedes Problem auch den Einsatz der Sozialarbeit notwendig macht (I-5, Zeilen 133-137, 161-164, 406-419).

Zusammenfassend bleibt festzuhalten, dass Kooperation zwar Veränderungen schafft und herbeiführt. Ob sie aber systematisch oder auf Grundlage einer Strategie gesteuert wurden, dafür ergeben sich keine Anhaltspunkte. Es ist eher vom Gegenteil auszugehen, wie die Befragungsergebnisse zu den Kooperationsanlässen nahe legen.

5.5   Kooperationshindernisse und Veränderungsbedarfe

Die bestehenden gesetzlichen und politischen Rahmenbedingungen werden als hinderlich erlebt und sollen sich verändern. Hier wird das Thema Bildung ebenso genannt wie die Finanzierungsgrundlagen, die noch auf verschiedenen Ebenen liegen und der Datenschutz, der in der Kooperation als nicht förderlich eingestuft wird. Zudem sollten sich die Hilfen aus Sicht der Experten stärker am Ergebnis, an der Wirkung orientieren. Die Elternarbeit muss intensiviert werden, auch um die Familien stärker in den Blick zu nehmen. Die Lehrer müssen für die Kooperation begeistert werden, ihre Ausbildung im Hinblick auf die Kooperation verbessert und Fortbildungen angeboten werden. In beiden Systemen sollten die personellen Ressourcen aufgestockt werden und die unterschiedlichen Arbeitsrhythmen bei der Gestaltung der Gremien Berücksichtigung finden. Das System soll sich, meinen die Befragten, mit der Zielrichtung auf Bildungszentren verändern, die das jetzige System mit drei Schularten und einer Zielgruppe ablösen könnte.

- Es braucht klar vertretene Standpunkte und Kompromissbereitschaft und dass man Rückschritte in Kauf nimmt. Es gehören ein ganz langer Atem dazu und das Erkennen auch kleiner Fortschritte. Es braucht einen Wechsel von klärender Anspannung und Entspannung und die Beziehungspflege steht da ganz vorne, weil viele Kompromisse und auch Weiterentwicklungen einfach auf der Basis von Beziehungen und Verständigung und Wertschätzung entstehen. Entwicklungsbedarf wird auf der politischen Ebene gesehen, dass der Wille da ist, Chancengleichheit umzusetzen. Lehrer müssen sich für die Kooperation begeistern und sie mittragen (I-2, Zeilen 242-254, 466-468).

- Bei manchen Schulen braucht es vielleicht gesetzlich klarere Vorgaben. In beiden Systemen geht es um die Personalressourcenfrage (I-3, Zeilen 446-447).

- Im System Jugendhilfe müssen wir schauen, wie wir die Hilfe individuell gestalten können und kreative, bedarfsorientierte Lösungen für Familien suchen und nicht die Schublade öffnen und auf bestimmte Hilfsangebote verweisen, die gerade zur Verfügung stehen. Wie gewinne und motiviere ich Eltern zur Zusammenarbeit, damit die Hilfen erfolgreich sind. Schule sollte auch über die Ferien Programme anbieten und Angebote machen für berufstätige Eltern, wenn es um die Vereinbarkeit von Familie und Beruf geht und bei allein Erziehenden. Zudem müsste die Schule auch in ihrer Ausbildung auf solche Bedarfslagen vorbereiten, denn Lehrer haben von

der Jugendhilfe, manchmal relativ wenig noch gehört. Die hohe
Fluktuation in den Lehrerkollegien macht die Kooperation oft an-
strengend, weil die Jugendhilfe sich neuen Lehrerinnen immer wieder neu erklären muss (I-3, Zeilen 464-495).

- Schule und Jugendhilfe sollten auf einer gemeinsamen Finanzie-
  rungsgrundlage stehen, die Finanzierung jetzt erfolgt auf verschiedenen politischen Ebenen, dem Land und der Kommune. Reibungs-
  verluste könnten so vermieden werden, Hemmnisse abgebaut werden schärfen. Die existierende Zusammenarbeit soll ausgebaut werden zu Bildungszentren, wo verschiedene Kooperationspartner sitzen. Es fehlt an einer Koordinationsstelle, die Angebote der Jugendhilfe bündelt und sie im Bedarfsfall der Schule zur Verfügung stellen
  kann (I-4, Zeilen 400-405, 425-428).

- Der Arbeitsrhythmus der Kooperationspartner ist unterschiedlich
  und muss kommuniziert werden, da er z.B. Auswirkungen auf Be-
  sprechungs- oder Gremienzeiten hat (I-4, Zeilen 232-239).

- In der Schule muss weiter daran gearbeitet werden, das Bewusstsein
  für die Lebenswelt und ihre Problemlagen zu schärfen. Es braucht
  noch mehr Gespräche und eine grundsätzliche Fortbildung. Die
  Rückmeldungen vom KSD über die getroffenen Maßnahmen dauern
  manchmal noch recht lange. Der Zeitpunkt sollte früher sein (I-5,
  Zeilen 439-467).

- Schule und Jugendhilfe brauchen mehr Zeit und Geld, um die Konzepte umzusetzen und ein hohes Maß an Fortbildungsbereitschaft
  und -möglichkeiten für alle Beteiligten. Der Datenschutz in der Jugendhilfe wird als Kooperationshindernis bewertet und sollte im
  Sinne einer gelingenden Zusammenarbeit auf eine andere rechtliche
  Grundlage gestellt werden. Es braucht ein anderes Bildungssystem
  in einer Gesellschaft und einer Zielgruppe und drei Schularten (I-5,
  Zeilen 439-467).

Eine erfolgreiche Zusammenarbeit ist von verschiedenen Faktoren abhängig. An oberster Stelle steht bei den Interviewpartnern die Kommunikation zwischen den Kooperationspartnern in all ihren Facetten. Zudem werden von vielen Befragten die personellen und zeitlichen Ressourcen genannt, die es braucht, damit Kooperation gelingen kann. Die sind u.a. notwendig, um den Fortbildungs- und Planungsbedarf zu befriedigen. Ein gutes Personalmanagement und Schlüsselkompetenzen auf Seiten der Leitung gehört ebenso zu den genannten Bedingungen wie Kontrakt- und Qualitätsmanagement. Auch die Motivation der Institutionen und das Engagement ihrer handelnden Personen spielen eine wichtige Rolle.

-   Es braucht klare Absprachen und klare Rahmenbedingungen, wie die Zielvereinbarung im Kooperationsvertrag. Hier müssen Rollen und Aufgaben beschrieben sein. Deren Einhaltung muss kontrolliert werden. Wichtig ist eine intellektuelle, akademische Offenheit, um gemeinsam Sachen zu verändern und gemeinsam auf die jeweils andere Disziplin zuzugehen und eine gute Kommunikation mit den Lehrern (I-1, Zeilen 233-244, 456).
-   Auf Leitungsebene braucht es klar vertretene Standpunkte und Kompromissbereitschaft und dass man Rückschritte in Kauf nimmt. Zeit braucht es auch für Steuerungsinstrumente und die Einrichtung von Qualitätssicherungssystemen (I-2, Zeilen 242-254).
-   Gute Kooperation braucht hohe Priorität auf Seiten der Steuerung in der Jugendhilfe. Auf Seiten der Leitung in der Jugendhilfe braucht es Konsequenz und eine gute Zeit- und Terminplanung und eine Frustrationstoleranz. Wichtig ist die Dokumentation der getroffenen Vereinbarungen. Auch ein hohes Maß an Verlässlichkeit ist notwendig und Empathie und Flexibilität, in dem Sinne, dass die Konzepte fortgeschrieben werden (I-3, Zeilen 266-308).
-   Es benötigt Zeitfenster für die Planung, Durchführung und Reflexion von Projekten und Geld. Kooperation hat was mit Veränderungsprozessen zu tun und die müssen irgendwie aus sich heraus

begründet sein. Eine Kooperation ohne eine sichtbare Problemlage einzugehen ist uninteressant für die Schule. Projektideen, die bereits finanziert sind, stoßen auf eine größere Offenheit als solche, für die Projektanträge formuliert werden müssen (I-4, Zeilen 224, 251-257, 267-269).

-   In erster Linie braucht es Engagement. Kooperation ist keine Verwaltungsaufgabe und benötigt Zeit und regelmäßigen und strukturierten Austausch. Je enger verzahnt die Zusammenarbeit ist, desto größer wird das Vertrauen. In der Schule muss weiter daran gearbeitet werden, das Bewusstsein für die Lebenswelt und ihre Problemlagen zu schärfen. Es braucht noch mehr Gespräche, Gremien und eine grundsätzliche Fortbildung (I-5, Zeilen 250-261, 445-449).

-   Schule und Jugendhilfe brauchen mehr Zeit und Geld, um die Konzepte umzusetzen und ein hohes Maß an Fortbildungsbereitschaft und -möglichkeit für alle Beteiligten (I-6, Zeilen 375-378, 387-389).

6   Würdigung

Die Jugendhilfe, bzw., ihre kooperierenden Handlungsfelder haben an den befragten Schulstandorten auf äußere Reize zwar reagiert, als System aber keine übergreifende Strategie für die Zusammenarbeit mit der Schule entwickelt. Dies legen insbesondere die Ergebnisse hinsichtlich der Kooperationsanlässe nahe. Dabei besteht aus meiner Sicht ein Forschungsinteresse, die Kooperations-Ursprünge tatsächlich zu eruieren, also jene Personen und Institutionen ausfindig zu machen und zu befragen, die die Kooperationen angeregt und umgesetzt haben. Beide Systeme sollten sich, so legen die Befragungsergebnisse nahe, in Zielrichtung auf ein verändertes Bildungssystem verändern, welches einen gemeinsamen Bildungsbegriff zur Grundlage hat, der es beiden Partnern erlaubt auf Augenhöhe miteinander an der gemeinsamen Adressatengruppe zu arbeiten. Die Strategie der Jugendhilfe könnte dabei sein, eigene fachliche Impulse z.B. durch funktionierende Konzepte zu setzen, die Kooperation offensiv zu betreiben, sie anzuregen, wo es noch nicht geschehen ist und den eigenen Bildungsbegriff öffentlich zu diskutieren, damit sie nicht zwangsläufig zum systemstabilisierenden Partner in einem sich augenscheinlich im Veränderungsprozess befindlichen Bildungssystem wird.

Leider werden die Stärken und Kompetenzen der Jugendhilfe in der Kooperation noch oft nicht erkennbar und die Handlungsfelder und das Aufgabenspektrum der Jugendhilfe sind in der Schule oft nicht als solche bekannt. Das hat zwar Vorteile insbesondere dann, wenn man sich von anderen, durchaus gerne gescholtenen Partnern aus dem System Jugendhilfe wie es beispielsweise der kommunale soziale Dienst ist, abgrenzen will. Nachteilig ist, dass die Grenzen des eigenen Handelns unscharf oder sogar unsichtbar werden, worunter das Profil der Jugendhilfe leidet und sie am Ende als schlecht qualifizierter Juniorpartner im reinen Bildungssystem Schule wahrgenommen wird und nicht als gut qualifizierter Partner im Hilfesystem Jugendhilfe.

Ein wichtiges Leistungsspektrum in der Kooperation der Jugendhilfe mit der Schule stellt die Schulsozialarbeit zur Verfügung. Diese wird dann als erfolgreich bewertet, wenn sie im Schulsystem aufgeht und das System Schule stützt, dabei wird sie in vielen Fällen nicht mehr als Teil der Jugendhilfe wahrgenommen, das System bleibt also sozusagen unsichtbar. Die Einbindung der schulsozialarbeitenden „Einzelkämpfer" in Jugendhilfe-Teams ist daher im Sinne der Wahrnehmbarkeit von Jugendhilfe von hoher Priorität für Leitungen. Durch die vielfältigen Veränderungen in der Kooperation von Jugendhilfe und Schule verändert sich auch die Rolle und Bedeutung der Schulsozialarbeit. Bleiben beide Systeme bestehen, muss Schulsozialarbeit aus meiner Sicht das Profil der Jugendhilfe in der Schule stärken, nähern sich die Systeme dagegen an oder verschmelzen sogar, muss sich Schulsozialarbeit als Teil eines sozialarbeitenden Teams an der Schule beweisen. Eine Veränderung, die sich auch konzeptionell niederschlagen muss, was eine Herausforderung für das Management in mit der Schule kooperierenden Einrichtungen der Jugendhilfe ist.

Als besonders bedeutsamer Kooperationspartner tritt an allen Befragungsstandorten der kommunale soziale Dienst, bzw. das Jugendamt in Erscheinung, dem eine besonders bedeutsame Rolle bei der Problembearbeitung in der Zusammenarbeit mit der Schule zugeschrieben wird. Auf Seiten der Steuerung und Leitung gilt es hier, die zum Teil hohen und überhöhten Erwartungen der Schule an die Art und Geschwindigkeit der Hilfeleistung insbesondere die rechtlichen Rahmenbedingungen und fachlichen Standards zu kommunizieren, über das Hilfesystem aufzuklären und es zu erläutern sowie Erwartungen zu korrigieren. Zudem sollte aus meiner Sicht und auf Grundlage von Erfahrungen und Erkenntnissen aus den Interviews der Austausch zwischen diesen Kooperationspartnern bei der Fallbearbeitung verbessert werden.

Die Kooperationsverträge, sofern es sie überhaupt gibt, erfüllen offensichtlich nicht die Vorgaben des Kontraktmanagements: So wurden an keinem der befragten schulischen Standorte Leistungs-, Finanzziele und Verfahrens- und Leistungskontrollen vertraglich festgehalten. Zwar gibt es vereinzelt Zielvereinbarungen und zur Verfügung gestellte Budgets, doch nirgends wurde die Wirksamkeitskontrolle schriftlich fixiert. Die Gründe hierfür wurden nicht erfragt und bleiben daher spekulativ, könnten jedoch Gegenstand weiterer Forschungsfragen sein, zumal übereinstimmend ausgedrückt wurde, dass Zielvorgaben und Zielkontrollen sinnvoll seien, um die Im Sinne einer gelingenden und qualifizierten Steuerung ist es notwendig, Ziele und erwartete Ergebnisse verbindlich und schriftlich zu vereinbaren. Hier sei auf den Sinn und damit auch die Notwendigkeit der Einführung und konsequenten Umsetzung des neuen Steuerungsmodells verwiesen, welches aus meiner Sicht im Sinne einer wirkungs- und adressatengerechten Steuerung und damit einer qualitativ guten Arbeit im Handlungsfeld Jugendhilfe, insbesondere im Hinblick auf die Kooperation mit Schule ist. Die Kritik, die es in der Jugendhilfe an der Realisierung gibt, soll dabei nicht außer Acht gelassen werden, aber eher einer Optimierung des Modells dienen. Weder sehe ich die Gefahr einer Ökonomisierung, weil die Priorisierung der Ansprüche nicht fiskalischen, sondern fachlichen Prinzipen folgen könnte (wobei ich davon ausgehe, dass es bei der gesetzlichen Bedarfsorientierung bleibt), noch kann ich die befürchtete Charakterisierung der sozialen Dienstleistungen als Waren oder die Nichtberücksichtigung der Interessen der freien Träger erkennen, wenn diese so benannt werden. Freiwilligkeit und Partizipation sind noch nicht wirklich in den befragten Kooperationsschulen angekommen. Daher ergibt sich für die Leitung und Steuerung, bzw. das Management in der mit der Schule kooperierenden Jugendhilfe, der Arbeitsauftrag, derartige Prinzipien auch in dem Pflicht-Kontext Schule zu verankern. Dafür braucht es Ideen und Konzepte, wie Beteiligung realisiert werden kann, ohne dass es zu symbolischen und damit demokratiefeindlichen und letztlich für die Kinder und Jugendlichen frustrierenden Veranstaltungen kommt. Und es braucht bei beiden Kooperationspartnern Mut, die Beteiligung zu wagen auch vor dem Hintergrund, dass es dann auch zu Machtverlust und Strukturveränderungen kommen könnte.

Die Befragungsergebnisse legen zudem nahe, dass eine gute Kommunikation zwischen den Partnern und die Schaffung verbindlicher Kommunikationsstrukturen vonnöten sind, um die Kooperation erfolgreich zu gestalten. Das heißt konkret, Gremien einzurichten, die paritätisch besetzt sind und Pflichttermine darstellen. Bei der zeitlichen Gestaltung sind die unterschiedlichen Arbeitsrhythmen der kooperierenden Professionen und Institutionen unbedingt zu berücksichtigen, wie Interviewergebnisse und eigene Erfahrungen nahe legen. Zudem braucht es personelle und zeitliche Ressourcen und ein gutes Personal-, Kontrakt- und Qualitätsmanagement. Zum Personalmanagement gehört, dass Lehrkräfte und Sozialarbeitende für die Kooperation begeistert werden müssen und ihre jeweiligen Ausbildungen im Hinblick auf die Kooperation verbessert und Fortbildungen angeboten werden. Darüber hinaus sind Personalführungsinstrumente konsequent anzuwenden, um den fachlichen Standard der eingesetzten Mitarbeiter/innen zu erhalten, zu verbessern und zu steigern.

Lehrer, so legten die Interviewpartner aus der Jugendhilfe nahe, sollten auf die Anforderungen der Ganztagsschule und die Kooperation mit der Jugendhilfe besser vorbereitet werden. Diese Anmerkungen ergänze ich um die Forderung danach, dass auch die Sozialarbeitenden in der Ausbildung besser auf die Kooperation mit der Schule vorbereitet werden müssen. Die unterschiedlichen Finanzierungsgrundlagen der beiden Systeme wurden als kooperationshemmend beschrieben, weil dadurch auch Entscheidungskompetenzen auf unterschiedlicher Ebene liegen. Dies ist insbesondere dann hinderlich, wenn die politischen Ansichten von Kommunen, die die Jugendhilfe organisieren und dem Land als Dienstherrn der Schulen auseinanderdriften. Die Argumentation dieser Aussage ist nachvollziehbar und deckt sich mit meinen Erfahrungen aus der Zusammenarbeit mit der Schule, doch ob und inwieweit eine solche grundsätzliche systemische Veränderung realisierbar ist und ob diese dann tatsächlich die Hemmnisse beseitigen würde, sei an dieser Stelle in Zweifel gezogen, könnte aber zumindest Gegenstand weiterer Diskussionen auf politischer und interdisziplinärer Ebene sein und somit indirekt auch das Kooperationsklima verbessern helfen. Die als die Kooperation erschwerend eingestuften Datenschutzbestimmungen scheinen aus meiner Sicht allerdings sinnvoll. Zwar scheinen sie bei entsprechender Interpretation die gemeinsame Fallbearbeitung zu erschweren, doch geben sie den Kooperationspartnern in der Fallbearbeitung bereits jetzt genügend Spielraum, um zusammen im Sinne der gemeinsamen Adressaten handeln zu können und auch weitere Partner mit an den Tisch zu holen. Dafür benötigt es auf Seiten der Schule (und anderer Partner) Vertrauen in die Fachkompetenz der Jugendhilfe und eine Transparenz hinsichtlich der Möglichkeiten und Grenzen der Jugendhilfe.

7   Schlussbetrachtungen

Die Leistungen der beiden kooperierenden Institutionen Schule und Jugendhilfe für die Entwicklung der Kinder und Jugendlichen sollten alleiniger Maßstab für die Güte ihrer Arbeit sein. Kooperationen müssen sich zum Ziel setzen, die Schule als Lern- und Lebensort nicht mehr nur zu propagieren sondern auch entsprechend zu begreifen. Die Interessen und Belange der Kinder und Jugendlichen auf ihrem Weg in die Erwachsenenwelt und damit auch die Bildungsprozesse müssen dabei ins Zentrum der Zusammenarbeit gerückt werden, damit Kooperation als erfolgreich bewertet werden kann. Diese muss das ihr zur Verfügung stehende Instrumentarium und ihre Prinzipien offensiv in die Kooperation mit der Schule einbringen. Die sehr breite Angebots- und Hilfepalette der Jugendhilfe macht allerdings eine genaue Analyse notwendig, welche dieser Angebote sinnvollerweise in die Kooperation eingebracht werden, weil sie dem Bedarf (§80 SGB VIII) entsprechen und welche nicht. Dabei müssen die Instrumentarien wie beispielsweise die individuelle Hilfeplanung oder (soziale) Gruppenarbeit in Zusammenarbeit mit der Schule bedarfsgerecht und auch im Hinblick auf die erwünschten Wirkungen weiterentwickelt werden. Auch muss die Partizipation der Adressaten in der Schule stärker berücksichtigt und in beiden Systemen konsequent und systematisch gehandhabt werden.

Die Jugendhilfe muss ihre schulischen Kooperationsfelder wie Jugendarbeit oder Jugendsozialarbeit mit Schulsozialarbeit ebenso analysieren wie ihren Bildungsauftrag. Dabei ergeben sich dann jene Aspekte, die auf notwendige Veränderungen und Weiterentwicklungen – nicht nur im Hinblick auf die Kooperation mit der Schule – hindeuten. Auf Grundlage dieser Analyse können schließlich Ziele benannt und eine eigene Strategie der Veränderung entwickelt werden, die es bislang noch nicht gibt, obwohl der Veränderungsprozess bereits in Gang gesetzt wurde.

So wird es auch zukünftig noch schulferne Handlungsfelder der Jugendhilfe geben, doch werden diese in ihrer Bedeutung für das gesamte System nachlassen: Die Kooperation mit der Schule hat insbesondere Auswirkungen auf den Ausbau von Jugendarbeit, deren Finanzierung zwar rechtlich gesichert ist, deren finanzielle Gestaltungsspielräume aber zunehmend geringer werden. Die Diskussion darüber ist bereits im Gange, ein eindeutiges Ergebnis gibt es bislang jedoch nicht. Insbesondere sollte bei der Diskussion die Erreichbarkeit der Kinder und Jugendlichen eine wichtige Rolle spielen, die die Basis für die Umsetzung des Auftrages in der Jugendarbeit sind.

Eine Antwort auf die Frage nach geeigneten und/oder notwendigen Steuerungsinstrumenten auf Seiten der Jugendhilfe konnte aus den Interviews nicht direkt abgeleitet werden. Aus den Antworten ergaben sich jedoch viele Anhaltspunkte dafür, welchen Eigenschaften Instrumente entsprechen müssten, um eine gelingende Kooperation gewährleisten zu können. Den Aussagen der Interviewpartner konnte beispielsweise entnommen werden, wie bedeutsam insbesondere für den Kooperationspartner Schule eine ergebnis- oder wirksamkeits- und damit outputorientierte Steuerung in der Jugendhilfe ist. So gibt es den Wunsch nach einem guten Qualitäts- und Kontraktmanagement und dem einer Verständigung über gemeinsame Ziele und Schwerpunkte. Unberücksichtigt bleibt dabei eine Reflexion auf eine outcomeorientierte und damit pädagogisch nachhaltiger ausgerichtete Bildungsarbeit. Im Vordergrund aller Bemühungen um gelingende Steuerung steht die Qualität der Arbeit in der Jugendhilfe, die sich daran bemisst, wie den anvertrauten Kindern und Jugendlichen mit ihren individuellen Voraussetzungen der Weg ins Leben gelingt. Dieser Anspruch geht über die Bereitstellung operationalisierbarer Betreuungsangebote hinaus. Die Steuerung der Kooperation muss zudem auf Grundlage langfristiger Kontrakte erfolgen, die Sicherheit und Verlässlichkeit für die Kooperationspartner geben und in denen Ziele und ein Controllingverfahren definiert werden, um die Qualität der Jugendhilfe-Arbeit langfristig garantieren und weiterentwickeln zu können..

Die befragten Expertinnen und Experten stimmten darin überein, dass Kooperation personelle, zeitliche und finanzielle Ressourcen auf beiden Seiten braucht, wenn sie als erfolgreich bewertet werden soll. Zudem ergaben sich viele Anhaltspunkte dafür, welche Steuerungsinstrumente in der Jugendhilfe bereitgestellt und genutzt werden sollten, damit die Kooperation mit der Schule „erfolgreich" wird. Aus den Interviews abgeleitet werden konnte auch die Bedeutung des eingesetzten Personals für die Bewertung der Kooperationsqualität.

Die in der Kooperation erbrachten Leistungen müssen gegliedert und gewichtet, bzw. priorisiert werden. So kann vermieden werden, dass Leistungen nur nach fiskalischen Gesichtspunkten ausgewählt werden (vgl. BMFSJ 2000, S. 96). Der Analyse muss eine Beschreibung der Leistungen (Produkte) und ihrer Kosten folgen. Es braucht also ein funktionierendes Produktmanagement. Zudem braucht es auf Seiten der Jugendhilfe ein Berichtswesen und Controlling, welches es im Grunde genommen bereits im Hilfeplanverfahren nach dem § 36 SGB VIII existiert und dort abgeleitet werden kann. In diesem Verfahren, an dessen Anfang die Problemanalyse steht, sind die Adressaten (Kunden) beteiligt, der Bedarf wird gemeinsam festgelegt und auch die Entwicklungsrichtung. Da die Hilfepläne zudem regelmäßig fortgeschrieben und überprüft werden, entspricht es den Anforderungen an ein fachliches Controlling (vgl. Jenner 2004, S. 99).

Direkt aus den Interviews abgeleitet werden konnte die Bedeutung des eingesetzten Personals für die Bewertung der Kooperationsqualität. Daher ist Personalmanagement im Hinblick auf die Auswahl der Mitarbeiter/innen, die die Kooperation realisieren, auf die Förderung ihrer Schlüsselkompetenzen und natürlich hinsichtlich ihrer Aus-, Fort- und Weiterbildungsmöglichkeiten unabdingbar notwendig, damit Kooperation gelingt. Ob es eine gemeinsame Jugendhilfe- und Schulentwicklungsplanung braucht, konnte im Rahmen dieser Arbeit nicht abschließend beurteilt werden. Die Interview-Ergebnisse geben diese Bewertung

nicht her, da keiner der Interviewpartner direkt an Jugendhilfe-
und/oder Schulentwicklungsplanung beteiligt ist, bzw. die Kenntnis
über die Möglichkeiten der beiden Instrumentarien nicht vorhanden
war. Es ist aber davon auszugehen, dass eine grundlegende Strategie der
Jugendhilfe zur Lösung der komplexen Aufgabe Kooperation mit Schule
nur aus der gesetzlich geforderten Jugendhilfeplanung erwachsen kann,
die im Hinblick auf die Kooperation natürlich eng mit der Schulentwicklungsplanung verknüpft werden sollte.

Kooperation von Jugendhilfe und Schule ist nicht selbstverständlich
Gegenstand von gezielten Planungsaktivitäten. Dies legen die Darstellung in der Fachdiskussion und die Ergebnisse der durchgeführten Interviews nahe (vgl. Maykus 2009, S. 229). Jugendhilfe- und Schulentwicklungsplanung, dass hieraus eine Strategie entstehen würde. sind
noch nicht derart miteinander verknüpft, die Jugendhilfe reagiert nach
wie vor auf äußere Einflüsse, begibt sich eher gezwungenermaßen in
einen Veränderungsprozess, den sie aber scheinbar ursprünglich gar
nicht wollte. Eine eigene Strategie ist dahinter (noch) nicht zu erkennen.
So bestätigen die Experten zwar zum Teil erhebliche Veränderungen, die
zudem meist positiv gesehen werden, doch scheinen diese eher zufällig
passiert zu sein und nicht Folge einer veränderten strategischen Ausrichtung der Jugendhilfe.

In welcher Form und zu welchen Bedingungen die Kooperation der
Jugendhilfe mit der Schule im vorgestellten Beispiel zukünftig realisiert
wird, ist zum Zeitpunkt der Fertigstellung dieses Bandes noch nicht weiter konkretisiert worden. Es ist davon auszugehen, dass die Verände-
rungsbereitschaft der Jugendhilfe im Augenblick weniger stark ausge-
prägt ist, als die der Schule. Ursächlich dafür ist neben anderen Gründen, die über die Auswertung der Interviews jedoch nicht belegt werden
konnte, u. E. der Umstand, wonach derzeit jene Pädagogen Leitungsverantwortung in den Schulen übernehmen, die von einer modernisierten,
sozialpädagogisch ausgerichteten Ausbildung profitierten. Auf der anderen Seite der Jugendhilfe scheint es erst in den nächsten Jahren auf
Steuerungs- und Entscheidungsebene einen spürbaren und wirksamen
Wandel zu geben. In der Folge stehen sich Vertreter zweier Systeme ge-

genüber, die unterschiedlich weit in ihren Change-Prozessen vorange-schritten sind und entsprechend über sehr divergierende Erfahrungen hinsichtlich eines sich gewandelten Selbstverständnisses haben. Eins haben jedoch beide gemeinsam, sie verfügen über keine oder nur wenig Erfahrung, wie sich Schule öffnen lässt und Schule sich den Sozialraum auch als Lebensraum aktiv erschließt. Die Jugendhilfe, verfügt zwar über die Hoheit im sozialräumlichen Umfeld von Schule, hat aber konzeptio-nell nichts in Vorhalte, das eine konzeptionelle Öffnung von Schule be-fördern könnte.

Die Offene Schule als Chance – Thesen

Die offene Schule ist Lern- und Lebensraum. Neben der Vermittlung von Wissen und dem Erwerb von Kompetenzen versteht sich die Schule zu-künftig als zentrales Element eines Stadtteils. Sie schafft soziale und kul-turelle Begegnungsräume.

Die offene Schule vereint Kindertagesstätte, Primar- und Sekundar-schule unter einem Dach und gewährleistet eine hohe Durchlässigkeit an den jeweiligen Schnittstellen der verschiedenen Bildungsgänge.

So wird sie zum neuen Mittelpunkt des Gemeinwesens. Sie poten-ziert ihre Möglichkeiten, indem sie diese teilt: Bibliothek, Mediathek, Theater, Mensa oder die Sportanlagen und sichert durch ihre Infrastruk-tur den Austausch und den Aufbau von Netzwerken zwischen Schule und Sozialer Arbeit, Unternehmen, Handwerkern sowie den Bewohnern des Stadtteils.

Das Modell der offenen Schule, wie es hier vertreten wird, geht auf das angelsächsische Community School-Modell zurück. Verantwortliche aus den Bereichen Bildung, Soziales und Gemeinde schließen sich zu-sammen, um gemeinsam zukunftsorientiertes Lernen zu fördern und wirken in das Gemeinwesen hinein als Kompetenzzentrum für Fragen und Anliegen des Lebens und des Lernens, des Arbeitens und des bür-gerschaftlichen Engagement in diakonischer Verantwortung über alle Lebenslagen des Menschen hinweg.

Einige Herausforderungen des demografischen Wandels in Deutschland werden mit diesen Ansätzen pragmatisch beantwortet: Ein kreativer Einsatz der verfügbaren Mittel nutzt Synergien und schafft maximalen Nutzen für möglichst viele Nutzer. Statt Finanzierungsfallen für die Bereitstellung von Kinderkrippenplätzen nach gesetzlichem Anspruch in den Kommunen zu provozieren, lassen Ressourcen in einer „Community School" Effekte zu Gunsten einer optimaleren Nutzung erreichen, was wiederum eine Sicherung des Schulstandortes bewirken kann.

Den Vorstellungen einer sozialräumlich orientierten Schule folgend, stellt sich die Offene Schule im Gemeinwesen folgendermaßen dar:

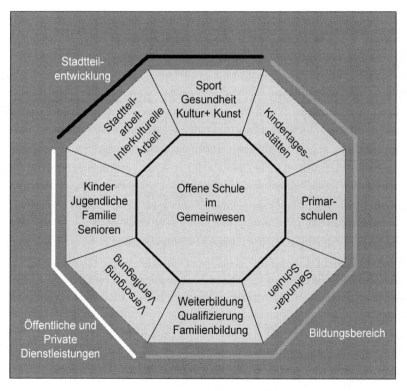

Abbildung 12:   *Modell der Zukunftsschule*
                            Quelle: in Anlehnung an Grimm 2005.

Sozialräumlich orientierte Kinder- und Jugendarbeit

Mit Blick auf eine gelingende partizipativ ausgelegte Kooperation zwischen Schule und offener Kinder- und Jugendarbeit ist als Schnittmenge die Sozialraumorientierung auszumachen. Für die offene Kinder- und Jugendhilfe eröffnen sich Möglichkeiten der Zusammenarbeit allein schon dadurch, dass die nicht auf vordefinierte Orte der Bildungsaneignung angewiesen ist und die eröffnet deshalb eine selbstständige, eigensinnige Raum-Bildung. Dadurch werden Selbstbildung, die Kompetenzen zur Veränderung oder zur Gestaltung eigener Situationen bei Kinder und Jugendlichen gefördert (Deinert 2008, S. 473). Deinert betont zu Recht, dass derlei Aneignungs- und Bildungsprozesse nicht didaktisch durchstrukturiert sein dürfen, wollen sie sich den Charakter der Selbstbildung bewahren. Eine Didaktisierung ist mit Deinert in Form von Projekten, Kursen und Workshops und über kultur- und erlebnispädagogische Angebote gewährleistet. Sozialraumorientierung als Schnittmenge zu Schule bietet aus Sich der Kinder- und Jugendarbeit u.a. folgende Optionen eines gelingenden Miteinanders:

- Unterstützung und Begleitung bei der Bewältigung von Lebenssituationen
- Gestaltung und Unterstützung bei Übergang von Schule in Beruf
- Erweiterung des formalen Lernens in der Schule um gezielte Aneignungs- und Bildungsangebote, die nicht Teil eines schulischen Curriculums sind, jedoch bildungsbiografische Bedeutsamkeit haben können
- Gestaltung der Schnittstelle Schule und Lebenswelt der Schülerinnen und Schüler
- Vernetzung der Angebote in der Schule mit den Aneignungs- und Bildungsangeboten außerhalb der Schule
- Sicherung der Identität der Sozialen Dienste durch die wechselseitige Inspruchnahme und Gestaltung eigener (Sozial)Räume

Skizzen zu Handlungsfeldern von Schule und offener Kinder- und Jugendarbeit

Für den Bereich Schule wir Community Education (C. E.) mit „Öffnung von Schule", „Stadtteilschule", „Nachbarschaftsschule" oder „gemein-wesenorientierte Schule" umschrieben. In der Praxis wird das durch die verschiedenen Auslegungen der Begriffe und deren Gebrauch unterstri-chen. Die eine Schule versteht sich als Stadtteilschule und mit meint Öff-nen der Schule die Öffnung der Schulräume für Gruppen, Vereine oder Projekte aus der Nachbarschaft. Das funktionalistische Verständnis von C. E. entspricht dem „dual use"-Prinzip an den englischen Community-Schools. Die andere Schule versteht sich dem Verständnis nach als Nachbarschaftsschule und sieht darin eine pädagogische Neukonzeption ihrer Arbeit. Nicht nur das Gebäude der Schule wird geöffnet, sondern auch der Unterricht in diesem Gebäude.

> *„Das heißt, sie würde versuchen, unterrichtliche Inhalte und un-terrichtliche Aktivitäten auf das Umfeld der Schule zu beziehen, Unterrichtsprojekte mit außerschulischen Partnern aus der Kul-tur, der Wirtschaft oder der Kommunalarbeit durchzuführen, Ex-perten in die Schule einladen."* (Buhren 1997, 109).

In einem anderen Fall bedeutet der C. E.-Ansatz den Einbezug von Elternarbeit und die Übernahme von Aufgaben die in die Erwachsenbil-dung und die gemeinwesenorientierte Sozialarbeit übergehen, so z.B. interkulturelle Schulprojekte.

Seitens der Kinder- und Jugendarbeit eröffnen sich über das Einver-nehmen mit der Schule zu einem erweiterten Bildungsverständnis Chancen, dass die Offene Kinder- und Jugendarbeit als partizipativer Partner schulischer Bildungsinstitutionen gewahrt bleibt. Nicht zuletzt durch die Entgrenzung schulischer Bildung in den Tag hinein, bleiben der Offenen Kinder- und Jugendarbeit zukünftig Wirkräume verschlos-sen, würde sie sich nicht als Ergänzung zu den formalen Bildungspro-zessen sowohl innerhalb der Schule als auch im öffentlichen Raum ver-

stehen. Gegenüber der Schule muss jedoch die Eigenständigkeit des eigenen Bildungshandelns vor dem Hintergrund eines erweiterten Bil-
dungsverständnisses als gemeinsamer Nenner zwischen Schule und
Offener Kinder- und Jugendarbeit gewahrt bleiben. Die Öffnung der
Schule in den Sozialraum kann als Chance für die Offene Kinder- und
Jugendarbeit gesehen werden, aber auch als Chance für die Schule ver-
standen werden. Erschließen sich ihr und ihren Schülerinnen und Schü-
lern neue Möglichkeiten zur Gestaltung und Aneignung von Lern- und
Lebensraum und stützt die dadurch die eigenaktive Erschließung von
Wirklichkeit und die Entfaltung der Persönlichkeit der Schülerinnen und
Schüler (Deinert 2008, S. 474).

Im Folgenden sollen Handlungsfelder von Schule und Offener Kin-
der- und Jugendarbeit vorgestellt werden, wie sie sich aus Perspektive
des Autors erschließen lassen oder bereits erschlossen sind. Unberücksichtigt sind dabei Trägerschaften und die Finanzierung, sowie die Zuständigkeiten der Aufsicht gerade dann, wenn die Kooperation entlang
der Schnittmenge Schule/Sozialarbeit verläuft. Insofern verstehen sich
die Ausführungen als Ideensammlung, die nicht als ausschließlich zu
lesen sind und ihren Bezug am Community Education-Ansatz finden,
der stellvertretend für die unterschiedlichen Namensgebungen und Interpretationen einer sozialräumlich orientierten offenen Schule steht.

Handlungsfeld Jugend- und Kulturarbeit

Jugend- und Kulturzentren arbeiten im Sinne von C. E. als außerschulischer Partner mit der Schule zusammen. Dabei verstehen sich diese Einrichtungen jedoch nicht als *„sozialpädagogischer Zuarbeiter"* (Buhren 1997,
S. 114). für auffällige Schülerinnen oder Schüler oder als Aufbewahrsta-
tion für Schulschwänzer. Im Vordergrund stehen eigenständige Konzeptionen, die sich erfahrungsgemäß an interkulturellen Ansätzen orientieren.

Die Schule muss selbst nicht den C.E.-Ansatz verfolgen. Sie muss jedoch offen sein für die Arbeit der Jugend- und Kulturzentren und diese

als gleichwertige Partner der Kinder- und Jugendarbeit anerkennen. Jugend- und Kulturzentren, die sich als Einrichtungen verstehen, in denen künstlerisches Handeln, interkulturelles Lernen und Handeln gefördert wird, haben zum Ziel, soziale Fähigkeiten und die Persönlichkeitsentwicklung der Schülerinnen und Schüler zu fördern.

Handlungsfeld Gemeinwesen

Im Gemeinwesen sind heute schon viele Organisationen und Einrichtungen engagiert. Vereine, Kirche, Bürgerinitiativen, Jugendeinrichtungen, Kindergärten und Schulen. In der Regel arbeitet jede Organisation in ihrem spezifischen Bereich und setzt für sich eine Primärzielgruppe fest. Im Sinne von Community Education ist eine bereichsübergreifende Zusammenarbeit der einzelnen Organisationen z.B. in der Jugend-, Kultur- und/oder Sozialarbeit sowie der Bildungsarbeit gefordert. C.E. zielt dabei auf die Partizipation der einzelnen Partner ab. Das fordert ein höheres Maß an Koordination und fördert gleichzeitig die Kooperation zwischen den Organisationen innerhalb des Gemeinwesens. Zielsetzungen dieses Zusammenwirkens können sein:

-   Lernortübergreifende, gemeinwesenorientierte Förderung von Kindern und Jugendlichen mit Migrationshintergrund
-   Einbeziehung der Lernorte Schule, Elternhaus, Berufsausbildungsstätten, Freizeiteinrichtungen in ein Gesamtkonzept individueller Lernförderung
-   Öffnen der Schule für das Gemeinwesen unter Einbezug sozialpädagogischer Fragestellungen und Aufgaben
-   Interkulturelle und interreligiöse Annäherungen fördern

In konkrete Maßnahmen umgesetzt, kann das bedeuten:

-   Organisation und Durchführung von Sprachförderangeboten
-   Gemeinsames Organisieren von Stadtteiltreffen und –festen
-   Unterstützung bei der Organisation von Weiterbildungsangeboten

- Durchführung von Informations- und Bildungsveranstaltungen für Menschen mit Zuwanderungskompetenz
- Aufbau und Betreuung von zielgruppengerechten Angeboten, z.B. für Mütter, Väter und/oder Familien
- Theater- und/oder spielpädagogische Projekte
- Unterstützung und Begleitung des Lehrerkollegiums in der Arbeit mit multikulturellen Schülergruppen z.B. über Lehrer-/ Sozialpädagogen-Tandems

Handlungsfeld Service Learning

Ein weiteres Handlungsfeld, die ehrenamtliche Tätigkeit, wird durch Anne Sliwka beschrieben, die den folgenden Beitrag in der Schriftenreihe des BLK-Programms „Demokratie lernen und leben" (vgl. Sliwka 2004) verfasst hat und der mit Blick auf Community Education auch die Hochschule in ein Gemeinwesenkonzept einbindet, indem Schule und Hochschule in ihren Darstellungen gleichgestellt sind.

Service Learning, Community Service, Soziales Lernen – oft herrscht Verwirrung über diese Begriffe. Sie werden in unterschiedlichen Zusammenhängen gebraucht und bezeichnen unterschiedliche Ansätze. Im anglo-amerikanischen Raum sind die Begriffe »Community Service« und Service Learning deutlich voneinander abgegrenzt.

Community Service bezeichnet eine ehrenamtliche Tätigkeit oder einen freiwilligen Dienst in der Gemeinde, der nicht zwingend von der Institution Schule initiiert oder an diese angebunden sein muss. Beispiele sind die Pfadfindergruppe, die spontan eine Aktion zur Fluthilfe in Sachsen organisiert oder die Mädchen der Gruppe »Mädchen machen mehr« aus Marktmeiningen in Bayern, die regelmäßig Zeit mit Senioren ihrer Stadt verbringen, ihnen vorlesen, für sie einkaufen und musizieren.

Service Learning bezeichnet dagegen einen – meist in Projektform organisierten – Dienst in und für die Gemeinde, der gezielt mit Lerninhalten und Lernprozessen in der Schule (oder auch Hochschule) verknüpft ist. Die Projektarbeit und damit das Arbeiten im Team sowie die Verknüpfung mit dem Lehrplan sind hier besondere Qualitäten. Soziales Lernen ist ein Begriff, der im deutschen Sprachraum meist für solche Projekte und Initiativen gebraucht wird, die soziale Kompetenzen der Schüler fördern und herausbilden wollen. Ansatzpunkt ist oft der soziale Sektor, also soziale Einrichtungen der Stadt oder Gemeinde, in denen die Schüler dann eine ehrenamtliche Tätigkeit ausüben. Der Ansatz des Service Learning versteht demgegenüber soziales Lernen als eine Querschnittsaufgabe, die nicht nur im sozialen Sektor erlernt werden kann, sondern auch im kulturellen, ökologischen oder einem anderen Bereich. Dadurch, dass Schüler einen Dienst am Gemeinwohl leisten, auf konkrete Bedürfnisse ihrer Gemeinde reagieren und in Projektarbeit im Team zusammenarbeiten, lernen sie Verantwortung zu übernehmen. So können sie vielfältige soziale und kognitive Fähigkeiten entwickeln.

In der folgenden Tabelle werden die Unterschiede nochmals an konkreten Beispielen deutlich gemacht:

- individuelle Verantwortungsübernahme
- ehrenamtliche Tätigkeit außerhalb von Schule und Hochschule
- einzelne ehrenamtliche Tätigkeit z.B.: Engagement einzelner Schüler in der Betreuung schwerkranker Patienten in einem Pflegeheim
- Ehrenamtliches Teamprojekt: z. B.: die freiwillige Jugendfeuerwehr einer Gemeinde baut an einen Kinderspielplatz mit
- Tätigkeit mit curricularer Anbindung in Schule oder Hochschule: individuelles, von der Schule oder Hochschule gefördertes Engagement mit Unterrichtsanbindung, z. B.: Schüler arbeiten regelmäßig in einem Stadtteilprojekt mit: z.B. in der Kinderkrippe, in der Altenbetreuung, in der Stadtteilbibliothek
- Teamorientiertes Schulprojekt in der Gemeinde mit Unterrichtsanbindung: z.B. Schüler und Schülerinnen gestalten einen „naturwissenschaftlichen Vormittag" zum Anfassen mit Experimenten und präsentieren sich damit in Kindergärten und Grundschulen.

Wichtige Komponenten des Service Learning, wie es im engeren Sinn verstanden wird, sind das Projektlernen und die damit verbundene

Teamarbeit. Dabei können Schüler erleben, dass Selbstorganisation notwendig ist, wenn man gemeinsam Ziele erreichen will, und dass Führung auch von mehr als einer Person ausgeübt werden kann, wenn alle sich auf gemeinsame Arbeitsziele verständigen und sich in die gleiche Richtung bewegen. Sie können außerdem die Erfahrung machen, dass Teamarbeit eine Kunst ist, die man lernen kann, dass Projekte an schlechter Teamarbeit scheitern können und dass gute Teamarbeit für eine Gruppe von Menschen zu ungeahnten Erfolgserlebnisse führen kann. Schüler lernen dabei die Chancen und Probleme von Kooperation und Interdependenz kennen, erleben Synergieeffekte (Zusammen erreichen wir mehr, als wir das als Summe von Einzelkämpfern je könnten), gehen Verantwortung auch füreinander ein und legen über ihre Arbeit Rechenschaft ab. Besonders wirkungsvoll ist ein Service-Learning-Projekt dann, wenn der Dienst am Gemeinwohl für die Erreichung der fachlichen Lernziele genutzt werden kann und umgekehrt die fachlichen Inhalte direkt einer »sozialen Nutzung« zugeführt werden. So kann sich Schülern die soziale Bedeutung erlernten Fachwissens am eigenen Handeln erschließen.

Im Miteinander liegt die Zukunft

Weder als Schlussplädoyer noch als inhaltsleere Phrase will der Titel verstanden werden. Vielmehr als Aufforderung zum Nachdenken darüber, wie die Herausforderungen gelingender Bildungsarbeit sowohl der Schule als auch der Offenen Kinder- und Jugendarbeit gelingen kann. Nicht zuletzt durch die Komplexität gesellschaftlicher Veränderungsprozesse, die ein hohes Maß an Pluralismus- und Pluralitätskompetenz einfordert, sieht sich die Schule immer wieder vor neuen großen Herausforderungen, die den Auftrag der Schule und die Kompetenzen der Lehrkräfte übersteigen. Der demografische Wandel stellt einerseits Schulstandorte in Frage und andererseits bewirkt der Anspruch flächendecken Tagesschulen einzuführen dazu, dass die Offene Kinder- und Jugendarbeit ihre Wirksamkeit verliert, weil ihre Zielgruppe nicht mehr erreicht werden kann.

Ungelöst bliebe, würden beide Institutionen nicht zueinander finden, um miteinander zu wirken, dass Kinder und Jugendliche über die Angebote der Schule hinaus Chancen brauchen, sich selbst zu bilden und sich dazu Lebensräume und Lebenswirklichkeit über informelle und non-formale Bildungsangebote aneignen zu können.

8   Literaturverzeichnis

Appel, Stefan (2009): Handbuch Ganztagsschule. Praxis, Konzepte, Handreichungen. Schwalbach/Taunus.

Arbeitsgemeinschaft für Jugendhilfe und Deutscher Städtetag (Hg.): Hinweise und Empfehlungen zur Steuerung der Jugendhilfe. Gemeinsame Stellungnahme des Deutschen Städtetages (DST) und der Arbeitsgemeinschaft der Jugendhilfe (AGJ), Köln/Bonn, 1999. Online verfügbar: www.agj.de/pdf/5/1997-1999. [22.03.11]

Bettmer, Franz (2009): Partizipation und Anerkennung. Voraussetzungen einer demokratischen Öffnung der Schule aus Sicht der Wissenschaft. In: Prüß, Franz; Kortas, Susanne; Schöpa, Matthias (Hg.) (2009): Die Ganztagsschule: von der Theorie zur Praxis. Anforderungen und Perspektiven für Erziehungswissenschaft und Schulentwicklung, Weinheim, München, S. 171-183

Bitzan, Maria (2009): Wem nützt die Kooperation von Jugendarbeit und Schule? In: Henschel, Angelika; Krüger, Rolf; Schmitt, Christof; Stange, Waldemar (Hg.): Jugendhilfe und Schule. Handbuch für eine gelingende Kooperation. Wiesbaden. S. 491–506.

BMFSFJ (2005) – Bundesministerium für Familie, Senioren, Frauen, Jugend: Der Zwölfte Kinder- und Jugendbericht. Bericht über die Lebenssituation junger Menschen und die Leistungen der Kinder- und Jugendhilfe in Deutschland. Berlin.

Bogner, Alexander, Littig, Beate, Menz, Wolfgang (2009): Experteninterviews – Theorien, Methoden, Anwendungsfelder, Wiesbaden.

Böhnisch, Lothar; Schröer, Wolfgang; Thiersch, Hans (2005): Sozialpädagogisches Denken. Wege zu einer Neubestimmung. Weinheim.

Buhren, Claus G. (1997): Community education. Münster.

Bundesministerium für Bildung und Forschung (2009)(Hg.): Ergebnisse der Jahresberichte 2003 bis 2008 und der endgültigen Vorhabenplanungen 2009 über alle Länder. Berlin. Online verfügbar unter: www.ganztagsschulen.org/_downloads [12.06.2011].

Bundesministerium für Familie, Senioren Frauen und Jugend (BMFSFJ) (2005): Bericht über die Lebenssituation junger Menschen und die Leistungen der Kinder- und Jugendhilfe in Deutschland. Bildung Betreuung und Erziehung vor und neben der Schule. 12. Kinder- und Jugendbericht. Berlin (Kinder- und Jugendbericht).

Bundesministerium für Familie, Senioren Frauen und Jugend (Hg.) (2005): Zwölfter Kinder- und Jugendbericht. Bericht über die Lebenssituation junger Menschen und die Leistungen der Kinder- und Jugendhilfe in Deutschland. Berlin.

Bundesministerium für Familie, Senioren Frauen und Jugend: Handbuch zur neuen Steuerung in der Kinder- und Jugendhilfe. Eine Arbeitshilfe für öffentliche und freie Träger, Stuttgart, 1999. Online verfügbar unter http://www.worldcat.org/oclc/46439662.

Bundesministerium für Familie, Senioren, Frauen und Jugend: Ganztagsschule. Eine Chance für Familien: Gutachten für das Bundesministerium für Familie, Senioren, Frauen und Jugend, Wiesbaden, 2006. Online verfügbar unter:
http://www.worldcat.org/oclc/180023743.

Chassé, Karl August, Wensierski, Hans-Jürgen (2002): Praxisfelder der sozialen Arbeit. Eine Einführung, Weinheim, München.

Coelen, Thomas (2005): Ganztagsschule und Ganztagsbildung, Bielefeld.

Comenius Johann Amos (1966): De rerum humanorum emendatione consultatio catholica [1657-1670]/ hg. v. ##, Prag (= CC).

Deinet, Ulrich (2008): Offene Kinder- und Jugendarbeit. In: Coelen, Thomas; Otto, Hans-Uwe (Hg.) (2008): Grundbegriffe Ganztagsbildung. Das Handbuch. Wiesbaden.

Deinet, Ulrich, Icking, Maria (Hg.) (2010): Jugendhilfe und Schule. Analysen und Konzepte für die kommunale Kooperation, Opladen.

Delmas, Nadine, Lindner Werner: Ganztagsschule oder Ganztagsbildung. Voraussetzungen für eine Bildungspartnerschaft zwischen

Schule und Jugendarbeit, Stuttgart/Hannover, 2005. online verfügbar: www.kvjs.de. [306.2011]

Dewey, John (1994): Demokratie und Erziehung. Eine Einführung in die philosophische Pädagogik. Braunschweig: Westermann.

EKD – Kirchenamt der EKD (Hg.) (2003): Maße des Menschlichen. Evangelische Perspektiven zur Bildung in der Wissens- und Lerngesellschaft, Gütersloh.

EKD – Kirchenamt der EKD (Hg.) (2006): Gerechte Teilhabe. Befähigung zu Eigen¬verantwortung und Solidarität. Eine Denkschrift des Rates der EKD zur Armut in Deutschland, Gütersloh.

Fegter, Susann; Andresen, Sabine (2008): Entgrenzung. In: Coelen, Thomas; Otto, Hans-Uwe (Hg.) (2008): Grundbegriffe Ganztagsbildung. Das Handbuch. Wiesbaden.

Flad, Carola; Bolay, Eberhard (2006): Expertise zur Kooperation von Ganztagsschulen und Jugendhilfeangeboten in Baden-Württemberg. Tübingen.

Flick, Uwe (2002): Qualitative Sozialforschung. Eine Einführung, Reinbek.

Galuske, Michael (2002): Jugendsozialarbeit und Jugendberufshile. In: Chassé, Karl August, Wensierski, Hans-Jürgen (Hg.) (2002): Praxisfelder der sozialen Arbeit. Eine Einführung. Weinheim, München, S. 63–77.

Glaser, Barney G./Strauss, Anselm L. (1998): Grounded Theory. Strategien qualitativer Forschung. Bern.

Göhlich, Michael (Hg.) (1997): Offener Unterricht. Community Education. Alternativschulpädagogik. Reggiopädagogik. Die neuen Reformpädagogiken. Geschichte, Konzeption, Praxis. Weinheim.

Grimm, Gaby; Konietzka, Klaus (2006): Die Soziale Stadt für Kinder und Jugendliche – Perspektiven von Quartiersentwicklung und Lokalem Aktionsplan in E&C-Gebieten" Dokumentation der E&C-Zielgruppenkonferenz der Quartiersmanager/innen vom 26. und 27. April, Essen.

Härle, Wilfried (2004): Zeitgemäße Bildung auf der Grundlage des christlichen Menschenbildes. In: Nipkow, Karl; Elsenbast, Volker;

Kast, Werner; Ernst; Potthast, Karl Heinz (Hg.): Verantwortung für Schule und Kirche in geschichtlichen Umbrüchen. Festschrift für Karl-Heinz Potthast zum 80. Geburtstag (Schule in evangelischer Trägerschaft, 3). Münster. S. 69–81.

Helfferich, Cornelia (2004): Die Qualität qualitativer Daten. Manual für die Durchführung qualitativer Interviews. Wiesbaden.

Henschel, Angelika; Krüger, Rolf; Schmitt, Christof; Stange, Waldemar (Hg.): Jugendhilfe und Schule. Handbuch für eine gelingende Kooperation. Wiesbaden.

Hitzler, Roland (1993): Lebensweltliche Ethnographie. Ein explorativ-interpretativer Forschungsansatz am Beispiel von Heimwerker-Wissen. Wiesbaden.

Jenner, Dietrich (2004): Planung und Steuerung der Kinder- und Jugendhilfe. Grundlagen, Bausteine, Materialien.

Jordan, Erwin (2005): Kinder- und Jugendhilfe. Einführung in Geschichte und Handlungsfelder, Organisationsformen und gesellschaftliche Problemlagen. Weinheim, München.

Kamski, Ilse; Dieckmann, Katja (2009): Steuerungsprozesse in der Schule aus sicht der Wissenschaft. In: Prüß, Franz; Kortas, Susanne; Schöpa, Matthias (Hg.) (2009): Die Ganztagsschule: von der Theorie zur Praxis. Anforderungen und Perspektiven für Erziehungswissenschaft und Schulentwicklung, Weinheim/München, S. 137-156.

Ketschau, Marcus (2004): Innovative Jugendhilfe. Rahmenbedingungen, theoretische Grundlagen und praktische Erfahrungen. Marburg.

Kirchhöfer, Dieter (2004): Lernkultur Kompetenzentwicklung – Begriffliche Grundlagen. Berlin.

Klafki, Wolfgang (1985): Neue Studien zur Bildungstheorie und Didaktik. Weinheim.

Klafki, Wolfgang (1996): Neue Studien zur Bildungstheorie und Didaktik. 5. Auflage Weinheim/Basel.

Knauer, Raingard (210): Kooperation von Jugendhilfe und Schule im Spannungsfeld unterschiedlicher Anforderungen. In: Deinet, Ulrich; Icking, Maria (Hg.) (2010): Jugendhilfe und Schule. Analysen und Konzepte für die kommunale Kooperation, Opladen. S. 35–53.

Kommunalverband für Jugend und Soziales Baden-Württemberg (Hg.) (2010): Kinder- und Jugendhilfe im demokratischen Wandel. Herausforderungen und Perspektiven der Förderung und Unterstützung von jungen Menschen und deren Familien in Baden-Württemberg – Berichterstattung 2010. Stuttgart. online verfügbar: www.kvjs.de [15.06.11]

Konsortium der Studie zur Entwicklung von Ganztagsschulen (StEG) (Hg.) (2010): Ganztagsschule: Entwicklung und Wirkungen. Ergebnisse der Studie zur Entwicklung von Ganztagsschulen 2005-2010, Frankfurt/M. online verfügbar: www.projekt-steg.de [0805.11]

Kortas, Susanne; Prüß, Franz; Schöpa, Matthias (2009): Die Ganztagsschule: von der Theorie zur Praxis. Anforderungen und Perspektiven für Erziehungswissenschaft und Schulentwicklung, Weinheim.

Korthaase, Werner (2005): Comenius und der Weltfriede. Berlin.

Korthaase, Werner (2005): Die Insel Utopia des Comenius. In: Comenius und der Weltfriede/ hg. v. dems, Berlin.

Krüger, Rolf (2009): Entwicklung und Rahmenbedingungen der Schulsozialarbeit. In: Henschel, Angelika; Krüger, Rolf; Schmitt, Christof; Stange, Waldemar (Hg.): Jugendhilfe und Schule. Handbuch für eine gelingende Kooperation. Wiesbaden. S. 152–164.

Krüger, Rolf; Zimmermann, Gerhard (2009): Strukturen, Leistungen und andere Aufgaben der Jugendhilfe. In: Henschel, Angelika; Krüger, Rolf; Schmitt, Christof; Stange, Waldemar (Hg.): Jugendhilfe und Schule. Handbuch für eine gelingende Kooperation. Wiesbaden. S. 125–151.

Lamnek, Siegfried (1989): Qualitative Sozialforschung. Band 2. Methoden und Techniken. München.

Landschaftsverband Westfalen-Lippe (2007): Den Wandel gestalten. Gemeinsame Wege zur integrierten Jugendhilfe- und Schulentwicklungsplanung, Münster.

Lindner, Werner (2005): Zwei Blindenhunde kreisen umeinander. Kooperation von Jugendarbeit und Schule zwischen Larmoyanz und Arroganz. 2005. online verfügbar: www.kvjs.de [12.05.11]

Maykus, Stephan (2010): Kommunale Bildungsberichterstattung – Basis der Planung kommunaler Bildungsräume. In: Deinet, Ulrich (Hg.): Jugendhilfe und Schule. Analysen und Konzepte für die kommunale Kooperation, Opladen, S. 229–245.

Mayring, Philipp (2002): Einführung in die Qualitative Sozialforschung. Weinheim.

Meuser, Michael, Nagel, Ulrike (2009): Experteninterview und der Wandel der Wissensproduktion in: Bogner, Alexander, Littig, Beate, Menz, Wolfgang: Experteninterviews – Theorien, Methoden, Anwendungsfelder, Wiesbaden, S.35 – 60.

Ministerium für Kultus, Jugend und Sport (2010): Bildungsplan 2010. Werkrealschule, Stuttgart.

Müller, Burkhard (2007): Der pädagogische Auftrag der Jugendarbeit und die sozialpädagogische Verantwortung der Schule. In: Maren Zeller (Hg.): Die sozialpädagogische Verantwortung der Schule. Kooperation von Ganztagsschule und Jugendhilfe, Baltmannsweiler, S. 99–118.

Münder, Johannes; Meysen, Thomas; Trenczek, Thomas (2009): Frankfurter Kommentar zum SGB VIII: Kinder- und Jugendhilfe. Baden-Baden, Weinheim.

Nipkow, Karl; Elsenbast, Volker; Kast, Werner; Ernst; Potthast, Karl Heinz (Hg.) (2004): Verantwortung für Schule und Kirche in geschichtlichen Umbrüchen. Festschrift für Karl-Heinz Potthast zum 80. Geburtstag. Münster: Waxmann (Schule in evangelischer Trägerschaft, 3).

Oesselmann Dirk; Cleiss, Peter; Schalla, Thomas; Schwendemann, Wilhelm (Hg.) (2011): Entwicklungen und Herausforderungen im Schnittbereich von Jugendarbeit und Beruflicher Schule. Münster.

Otto Hans-Uwe; Oelkers, Jürgen (Hg.) (2006): Zeitgemäße Bildung. Herausforderungen für Erziehungswissenschaft und Bildungspolitik. München.

Otto, Hans-Uwe/Rauschenbach, Thomas (Hg.) (2008): Die andere Seite der Bildung. Zum Verhältnis von formellen und informellen Bildungsprozessen. 2. Aufl. Wiesbaden.

Pfadenhauer, Michaela (2009): Das Experteninterviw – ein Gespräch zwischen Experte und Quasi-Experte in: Bogner, Alexander, Littig, Beate, Menz, Wolfgang: Experteninterviews – Theorien, Methoden, Anwendungsfelder, Wiesbaden, S. 99–116

Pluto, Liane (2007): Kinder- und Jugendhilfe im Wandel, München.

Prüß, Franz (2009): Ganztägige Bildung und ihre Bedeutung für Entwicklungsprozesse. In: Die Ganztagsschule: von der Theorie zur Praxis. Anforderungen und Perspektiven für Erziehungswissenschaft und Schulentwicklung, Weinheim, München, S. 33–58

Prüß, Franz; Kortas, Susanne; Schöpa, Matthias (Hg.) (2009): Die Ganztagsschule: von der Theorie zur Praxis. Anforderungen und Perspektiven für Erziehungswissenschaft und Schulentwicklung, Weinheim, München.

Rademacker, Hermann (2009): Kooperation von Jugendhilfe und Schule im Spannungsfeld unterschiedlicher Anforderungen. In: Henschel, Angelika; Krüger, Rolf; Schmitt, Christof; Stange, Waldemar (Hg.): Jugendhilfe und Schule. Handbuch für eine gelingende Kooperation. Wiesbaden. S. 364–380.

Ramsegger, Jörg (1986): Die Schule öffnen? Wieso, für was? In: betrifft: Erziehung 3/1986, S. 34. Weinheim.

Rausch, Jürgen; Schwendemann, Wilhelm (2011): Zum Verhältnis von schulischer Religionspädagogik und Schulsozialarbeit vor dem Hintergrund einer sich wandelnden Schulwirklichkeit. In: Oesselmann Dirk; Cleiss, Peter; Schalla, Thomas; Schwendemann, Wilhelm (Hg.): Entwicklungen und Herausforderungen im Schnittbereich von Jugendarbeit und Beruflicher Schule. Münster. 177–188.

Rauschenbach, Thomas, Schilling, Matthias (2008): Spaltet sich die Kinder- und Jugendhilfe? Analysen zu Gewinnen und Verlusten in der Personalstruktur in: KOMDat Jugendhilfe Heft 1+2, Dortmund, S. 2–4

Reinhardt, Klaus (1992): Öffnung der Schule, Community Education als Konzept für die Schule der Zukunft, Weinheim.

Rolff, Hans-Günter (2007): Studien zu einer Theorie der Schulentwicklung, Weinheim.

Rosenbusch, Heinz S. (2005): Organisationspädagogik der Schule. Grundlagen pädagogischen Führungshandeln. München.

Saldern, Matthias von (2009): Schulstrukturen und Qualitäsentwicklung von Schule in der der Bundesrepublik Deutschland. In: Henschel, Angelika; Krüger, Rolf; Schmitt, Christof; Stange, Waldemar (Hg.): Jugendhilfe und Schule. Handbuch für eine gelingende Kooperation. Wiesbaden. S. 69–82.

Schaller, Klaus (1992): „Fromme Wünsche dieser Art fliegen nicht auf den Mond". Das Utopische im Werk des J. A. Comenius, in: Ders., Comenius 1992. Gesammelte Beiträge zum Jubiläumsjahr. Sankt Augustin. 155-172.

Schaller, Klaus (1992): Comenius 1992. Gesammelte Beiträge zum Jubiläumsjahr. Sankt Augustin.

Scheuerl, Hans; Schröer, Henning (1981): Comenius. In: Theologische Realenzyklopädie. Bd. 8.

Schwendemann, Wilhelm; Rausch, Jürgen (2008): Ethik-Management-Schule. 1. Internationales Oberrheinsymposium Freiburg. Münster.

Schwendemann, Wilhelm; Krauseneck, Stefan (2001): Modelle der Schulsozialarbeit. Münster.

Seibt, Ferdinand (1972): Comenius als Utopist, Utopie und Völkerbund: Comenius. In: Ders., Utopica. Modelle totaler Sozialplanung. Düsseldorf, 219-231.

Seithe, Mechthild (2002): Schulsozialarbeit. In: Chassé, Karl August Wensierski, Hans-Jürgen: Praxisfelder der sozialen Arbeit. Eine Einführung, Weinheim, München, S. 78–88.

Sliwka, Anne (2004): Service Learning: Verantwortung lernen in Schule und Gemeinde, Berlin.

Soremski, Regina; Steiner, Christine; Arnoldt, Bettina; Stolz, Heinz-Jürgen; Wach, Katharina; Kaufmann, Elke; Neumann, Dagmar 2010): Ganztags lernen. Veränderte Lebensbedingungen schaffen neue Herausforderungen für Ganztagsschulen und die Gestaltung von Bildungsprozessen. Eine Übersicht über wichtige politische und strukturelle Aspekte sowie pädagogische Konzepte. In: Deutsches Jugendinstitut DJI Bulletin Plus, Heft 91, 3/2010, München, S. I–IV,

Spies, Anke; Stecklina, Gerd (Hg.) (2005): Die Ganztagsschule. Herausforderungen an Schule und Jugendhilfe, Bad Heilbrunn.

Statistisches Bundesamt (2010): Bildung und Kultur. Allgemeinbildende Schulen – Fachserie 11 Reihe 1 – 2009/2010. Wiesbaden.

Tenorth, Heinz-Elmar (1994): Alle alles zu lehren. Möglichkeiten und Perspektiven allgemeiner Bildung. Darmstadt.

Thiersch, Hans (2006): Leben lernen. Bildungskonzepte und sozialpädagogische Aufgaben. In: Otto Hans-Uwe; Oelkers, Jürgen (Hg.) (2006): Zeitgemäße Bildung. Herausforderungen für Erziehungswissenschaft und Bildungspolitik. München.

Thiersch, Hans (2009): Bildung und Sozialpädagogik. In: Henschel, Angelika; Krüger, Rolf; Schmitt, Christof; Stange, Waldemar (Hg.): Jugendhilfe und Schule. Handbuch für eine gelingende Kooperation. Wiesbaden. S. 25–38.

Thimm, Karlheinz (2010): Jugendarbeit und Ganztagsschule – ein Kooperationsplädoyer für ein Risiko mit ungewissem Ausgang. In: Deinet, Ulrich, Icking, Maria (Hg.) (2010): Jugendhilfe und Schule. Analysen und Konzepte für die kommunale Kooperation, Opladen.

Westers, Rainer (2007): Grundlagen der Schulentwicklungsplanung – Schulentwicklungsplanung im Aufgabenfeld eines Schulverwaltungsamtes. In: Landschaftsverband Westfalen-Lippe: Den Wandel gestalten. Gemeinsame Wege zur integrierten Jugendhilfe- und Schulentwicklungsplanung, Münster, S. 22–25.

Zeller, Maren (Hg.) (2007): Die sozialpädagogische Verantwortung der Schule. Kooperation von Ganztagsschule und Jugendhilfe, Baltmannsweiler.

Züchner, Ivo (2010): Operation Ganztagsschule. In: Deutsches Jugendinstitut DJI Bulletin Plus, Heft 91, 3/2010, München, S. 4–7.

9 Register

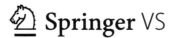

Druck: KN Digital Printforce GmbH · Schockenriedstraße 37 · 70565 Stuttgart